Stilles Strömen der Zeit

Johannes Twaroch

STILLES STRÖMEN DER ZEIT

Kurzprosa – Minutentexte

EDITION ROESNER
artesLiteratur

Titelbild: Passauer Dom Sankt Stephan
© EDITION ROESNER

Gefördert durch
das Land Niederösterreich

KULTUR
NIEDERÖSTERREICH

und das Bundeskanzleramt

BUNDESKANZLERAMT ÖSTERREICH
KUNST

Erste Auflage

Maria Enzersdorf

Im Lektorat:
Priv.-Doz. Mag. Dr. Maria-Christine Leitgeb
Covergestaltung und Bildbearbeitung:
Jürgen Dorn – DYNAMIND Marketing
Printed in Austria
ISBN 978-3-902300-92-8

www.edition-roesner.at

STILLES STRÖMEN DER ZEIT

Inhalt

Fragmente eines Tagesanfangs

gegen morgen in der grauen frühe pissen die tannen,
& ihr ungeziefer, die vögel, fängt an zu schrein.
bert brecht

aufs rad der nacht geflochten
schlafen die verlorenen.
ingeborg bachmann

der morgen rückt stückweis vor & ist ganz nieselblind,
& kein fortfliegen will gelingen
im geschiebe von eben & bald.
jürgen becker

wortmalerei

den grauen tagesanfang übermalen mit 1 wortmalerei. da gibt's das einladende morgenrot mit grünspanflecken. die verheißungsvoll blinzelnde morgengabe. dann die tauglitzernde morgenluft nebst dem stanniolraschelnden morgenstern. auch das lavendelfarbene morgenland mit quasteln & den veilchenduftenden morgentau. nicht zu vergessen das zackigstramme morgenturnen mit ilse buck sowie zuletzt 1 zuckerlrosa morgenbetrachtung mit goldenen tupfen.

faulsein

du hängst im leeren. das aufstehen hat dich deine ganze kraft gekostet. die decke liegt wie 1 taschentuch auf dem boden. nachtkastl, sessel, bettvorleger - alles ist geschrumpft. der raum passt nicht mehr zu dir. der pyjama ist in allen nähten geplatzt. beim betreten des badezimmers musst du dich bücken. auf der waage schlägt der zeiger an. dein gewicht muss sich über nacht verdoppelt haben. wie sollst du die uniform anziehen? nein, ins amt wirst du heute nicht gehen, kommt gar nicht in frage. die können dich, die sollen dich! am besten noch 1 schlaftablette oder 2 um dich hinauszuschlafen aus diesem falsch angefangenen tag. aus diesem irrtum heraus & rückwärts in die nacht hinein & zu dem punkt zurück, wo alles angefangen hat …

geräusche beim aufwachen

der kommende tag streckt seine hand ins zimmer. er tastet die wand ab. wie 1 blinder, der 1 tür sucht. aus der stille lösen sich geräusche, die nur in dieser frühen stunde im haus zu hören sind. das knacken 1 mauerritze. das stöhnen der leitungsrohre. das gurgeln 1 wasserhahns. das knarren der kredenz im nebenzimmer. das rauschen & stürzen des wassers in aborten & abwäschen. das vibrieren des aufzugs. sie mischen sich mit dem schlurfen, tappen, stapfen & rennen von schritten, die sich vom gang nähern, verstummen, sich wieder entfernen. unterdrücktes lachen. das zuschlagen 1 tür. der klingeln 1 handys. das greinen 1 babys. der nachbar fängt an, seinem bart mit dem elektrorasierer zu leibe zu rücken. geräusche von außen kommen hinzu. das gurren 1 taube. das tropfen der dachrinne. verkehrslärm. auspuffgeräusche. das scheppern 1 schachtdeckels. das brummen 1 motors, sich nähernd, vorbeirauschend. 1 straßenbahn dröhnt. jemand wirft flaschen in den container im hof. klirrend zerbirst glas. niemand hört das trappeln der füße im fußboden, niemand die stimmen, die nicht hinter der mauer sind, sondern drinnen.

nacht

noch nie hast du 1 derart starkes schwarz gesehen, 1 so geballte finsternis. als hätte man die nacht zu 1 einzigen würfelzuckergroßen stück zusammengepresst. in die vollständige finsternis der endgültigen nacht, die das auge ohne schmerz nicht ertragen kann. nein, länger als 1 zehntelsekunde kannst du nicht hinschauen, sonst würdest du erblinden. mit geschlossenen lidern tappst du den korridor entlang, ins treppenhaus hinunter wie in 1 falle hinein. von stufe zu stufe fängt die nacht an, nicht mehr so unerträglich groß zu sein. im parterre ist sie kaum größer als 1 taube. & sobald du das haustor öffnest, flattert sie davon.

lieben ist schöner als singen

die nacht endet damit, dass rosi sich im bett umdreht. georg legt sich darüber & oben drauf ihre gemeinsame liebe, die sie zusammenpresst, dass ihnen der schweiß aus den poren & schreie aus den kehlen dringen. dann halten sie inne & legen die liebe aufs bett & georg legt sich drüber & rosi auf ihn drauf. sie hüpfen & springen & federn, bis die liebe ganz flach ist. dann schieben sie die liebe unters bett, wo sie sich erholen kann, & legen sich nebeneinander, bis sie es ohne liebe nicht mehr aushalten. sie holen die liebe unterm bett hervor & legen sie zwischen sich & drehen sich um & um, bis sie ganz schwindlig werden & noch 1x einschlafen.

zeitverschiebung

auf der erde gehen die lichter zu unterschiedlichen zeiten an & aus. wenn österreich erwacht, schlüpfen in neuseeland kinder ins bett. wenn 1 türke träumt, steht 1 mexikaner auf seinem feld. dort können die leute jetzt baden, dort stehen sie im wind. um 5 ist es auf den falklandinseln vormittag, in alaska 16 uhr & in russland mitternacht. vielleicht ist das die stunde, in der die hirten auf den sibirischen steppen ihre ergreifenden lieder gedichtet haben, die dich in 1 ottakringer bar zu tränen rühren.

krähen

die krähen nächtigen in den baumkronen auf dem wilhelminenberg. wenn die nacht ihre netze einzieht, erheben sie sich fröstelnd aus ihren ästen & probieren, ob ihre flügel nicht ohne sie davon geflogen sind. hörst du die flügel? hörst du das schlagen? hörst du die rauschende luft? der himmel wird leichter, heller. der himmel ist 1 schiff, 1 wunderbares luftschiff. hörst du das pfeifen? das krächzen? das schnattern? hörst du das rauschen der luft? als ob jemand ruft. der himmel, der gefiederte himmel. die vögel, sie kommen. sie fliegen so schnell. & keiner, der den anderen verletzt. nehmt mich mit! nehmt mich bittebitte mit! dada, meine dleine zizimaus. hat der droße vodel wieder meine tleine zizimaus aufdewett? dada, hab teine andst!

herrgottsfrühe

gegen ½ 4 beginnen die amseln ihr konzert. ihr gesang baut 1 klingende kuppel über die stadt. es ist sicherlich angenehmer, sich um ½ 4 durch 1 vogelkonzert wecken zu lassen, als um ½ 7 durch den telefonischen auftragsdienst. aber andererseits ist es ärgerlich, wenn der lärm der spatzen dich aus 1 traum aufstört, in dem du gerade deinen hohen chef als rauchfangkehrer auf dem dach herumklettern siehst. warum die vögel schon in aller früh solchen lärm machen? vielleicht halten sie es für ihre pflicht. vielleicht haben sie hunger. oder haben die poeten recht, die meinen, dass sie es zum preis der schöpfung tun? tatsächlich heißt ja die früheste frühe herrgottsfrühe.

träume zwischen erwachen & aufstehen

1 azurblaue briefmarke mit der sonne als stempel.

1 reise ohne ausweise, ohne ticket, durch 1 enges nadelöhr hindurch in 1 weiße mauer hinein.

plastikblumen & worte aus rauch.

1 wiese. 1 vergeblicher stein im fluss.

stille. etwas, das sauber ist wie 1 haufen asche. oder wie 1 welle, in der du mittendrin sitzt.

luft, die so klar ist, dass die häuser durchsichtig werden.

schritte, die fortgehen, als wären es die eigenen …

vorsätze für den tag

in 1 tiefes wort fallen. in 1 bodenlose freude. in 1 himmel ganz unten. oder sehr leicht sein. mit den lichtern des tages hinter die dinge leuchten. 2 schwingen nehmen. 1 wohnliches niemandsland durchmessen mit leeren flügelschlägen. auf den nächsten berg steigen & die arme ausbreiten. mit einer pfadfindergruppe am erdäpfelfeuer sitzen & mit ihnen das lied der hünengräber singen.

1 taschentuch bügeln für 1, der nicht weinen kann. bei 2 zündhölzern totenwacht halten über 1 gestorbe-

nes brot. mit nacktem körper auf 1 schweissnassen hengst davonreiten. zwischen den schenkeln das zittern der nerven unter den muskeln spüren. die düfte der erde einsaugen. blumen kauen. bienen verschlingen. das meer austrinken. keine bedeutung haben. keinen namen. keine aktenzahl. keine schuhnummer. keinen schreibtisch. keine adresse … statt 100 vorsätze zu erfinden, 1 gute tat vollbringen.

spiegel

das erschrecken manchmal morgens, im badezimmerspiegel, beim rasieren. das fremde gesicht, vom schlaf verunstaltet, das plötzlich das deine ist, sein recht fordert, über die bartstoppeln hinaus. wann beginnt 1 gesicht zu altern? wann beginnt, was du fürchtest? dieses anfangs nicht sichtbare welken der haut? diese hinwendung zum tod, über die du dich hinwegzutäuschen suchst? sieh den spiegel an, der deine tage frisst, gesicht! wann & in welcher sekunde findet die wende zum langsamen sterben statt? immer scheint es zu früh zu sein.

spiegel II

sehr früh in der frühe, im nicht-mehr & noch-nicht, erwachst du. die stimme aus dem radio erzählt dir, wie das wetter werden könnte. es ist 9 vor 6. widerwillig kriechst du aus dem bett, schleppst dich ins bad. gähnend stehst du vor der waschmuschel. während die rechte hand nach der zahnbürste tastet, betrachtest du das gesicht im spiegel. plötzlich erhebt dein gegenüber die faust & knallt sie dir brutal zwischen die augen. die welt zersplittert in 100 stücke. & du begreifst, du stehst auf der falschen seite.

wegweiser

als giovanni erwacht, findet er neben dem bett 1 weißen pfeil auf den fußboden gemalt. weitere pfeile weisen durchs zimmer bis zu dem sessel, auf dem er die kleider abgelegt hat. dieser sessel ist für g reserviert!, steht auf 1 pappendeckelschild. g setzt sich auf den für ihn reservierten sessel. hinter ihm führen pfeile weiter fort. die farbe ist noch frisch. g kann, wenn er sich bückt, die haarfeinen striche sehen, die der pinsel hinterlassen hat. das ende des pfeils neben dem bett ähnelt 1 fischschwanz. die spitze deutet in richtung der zimmertür. im stiegenhaus, die stufen hinunter & draußen auf der straße gibt es pfeile, die mit inschriften versehen sind. brich dir kein bein, buchstabiert g. beachte den feuchtkühlen morgen! die aufkommende frische! vergiss nicht, 1 blick in den klaren, durch keine wolke getrübten himmel zu werfen!

morgenmensch

gutgelaunt schlendert er unter die dusche, verbringt ewigkeiten mit haarwäsche, nassrasur, hautcreme, haarspray. er frühstückt croissants, orangenmarmelade & milchkaffee. trällernd studiert er die *kronenzeitung*. was soll er aus seinem leben machen? es wimmelt von möglichkeiten. als er den hausflur verlässt, prallt das sonnenlicht mit 300.000 kilometer pro sekunde an sein auge. das könnte 1 anfang werden. 1 abenteuer. 1 erster schritt. er ist ganz nahe dran.

märchen

1 morgen wird geboren. man kann ihn noch nicht gut erkennen. seine mutter, die nacht, hält ihn fest im arm. manchmal blinzelt er schon. & bei jedem blinzeln geht irgendwo 1 licht an. langsam wird der morgen größer. er lernt, wie man nasse gräser trocknen kann. mit der

zeit beginnt er, eigene wege zu gehen. er probiert verschiedene verkleidungen. manchmal ist er der nebel, der die leute einhüllt. manchmal ist er der kalte wind, der die nasen rot färbt. manchmal ist er der regen, der tränen unsichtbar macht. manchmal ist er die sonne, die alle zum lachen bringt. der morgen spielt mit den leuten. er weiß nicht, ob er groß & stark oder lieber klein & hilflos sein soll. er ist immer anders. er weiß nicht, wer er ist. manchmal hat er angst vor der zukunft. er will nicht allein sein. er muss jemanden haben, den er aufwecken kann. wen er 1x im arm gehabt hat, den hält er fest.

2 haikus

wenn es windig ist & schnee liegt, schreibt die weide im türkenschanzpark haikus in den schnee. schade, dass man nicht entziffern kann, was sie schreibt. man sollte 1 japanisches kind fragen, was es heißt. aber der weide wäre es sicher nicht recht, wenn wir wüssten, was sie über uns denkt.

die urnen der nacht
sind leer. im osten staut sich
1 sprachloses lied.

samtene stille.
blind hängt der tag im gebüsch.
bald lockt die amsel.

weg zur arbeit

5 pflastersteine weit sehen. randstein, kanalgitter, fahrbahn. 1x sand, 1x pflaster, 1x asphalt. die beine gehen von selbst, weichen anderen beinen aus, machen andere beine ausweichen. rechts & links häuser. die kühle aus den toren. so gehen blinde vielleicht. wie lang hältst du es aus mit geschlossenen augen? versuch's doch ... ab & zu gerüche. teer, mauerschwamm, kohl, benzin, deodorant. stufen, beschädigte mauersockel, 1 blechschirm. wieder beine. 1 holzplanke, plakatieren verboten, weißer küchenkasten entflogen. schatten über die ½ straßenbreite, gemeindebauten. papierfetzen im rinnsal. das klappern 1 müllkübeldeckels, 1 teppichstange. einbiegen, ausweichen, überqueren. wieder einbiegen, um die nächste ecke. leerlauf von gehen & denken. 1 taube fliegt vor dir auf. du verfolgst ihren aufstieg mit den augen, ohne den kopf zu heben. der himmel interessiert dich nicht.

vorstadtzug

die werktätige masse fährt in die arbeit. in fabriken & büros, garagen & bibliotheken, in schulen, magazine & auf bauplätze. sie fährt ihren täglichen weg, den sie auswendig kennt. station um station wird abgeleiert, tag für tag, zwischen 6 & ½ 8. der zug rattert über die schwellen. im gemeinsamen takt vollführen die körper der passagiere einheitliche bewegungen. die köpfe schwanken nach rechts, links, links, rechts. hüpfen empor, federn zurück. die gesichter sind müde, verschlossen, teilnahmslos. die landschaft zieht vorüber. wälder, der stadtrand, kleingärten, 1 sportplatz. die rauchfänge der industriezone malen rufzeichen in den himmel. weiße blätter rücken näher, fliegen davon. 1 junge frau legt ihre hand auf die schwitzende scheibe des zugfensters. sie öffnet es 1 spalt breit & wirft die reste der nacht hinaus.

weltausschnitt ganz alltäglich

wenn otto k nach dem erwachen den ersten blick aus dem fenster wirft, sieht er keine wäsche auf der leine, keine kinder auf den balkonen. er sieht das gärtchen des hausmeisters, den er nur von seinen schildern her kennt: vorsicht, rutschgefahr! bitte haustor zumachen! lärmen & ballspielen verboten! aufzug außer betrieb! betreten des rasens verboten! rufzeichen! er sieht das gärtchen des hausmeisters, das in regelmäßige rechtecke geteilt ist & so sauber gehalten wird, dass nichts darin wächst. er sieht die 2 meter hohe mauer um das 12 quadratmeter große gärtchen & auf der mauer einbetonierte glasscherben zum schutz gegen die kinder.

er sieht autos auf dem parkplatz, die leuten gehören, die er nicht kennt & die einander nicht kennen, die nur ihre autos kennen & einander nur an ihren autos erkennen. er sieht fenster, hinter denen leute wohnen, die er nur daher kennt, dass sie die vorhänge zuziehen, wenn sie ihn am fenster sehen. & die er nur daher kennt, dass er die vorhänge zuzieht, wenn er sie am fenster sieht.

unterwäsche

um ¼ 6 sind sie aufgestanden. während er sich rasiert, braut sie kaffee. im spiegel sieht er, wie sie in der kombinäsch hin & her schlurft. sie trägt die hellblaue garnitur, die er ihr zum geburtstag geschenkt hat. er sagt: du machst dich fesch. hast du was vor? nein, sagt sie. wie kommst du darauf? deine unterwäsche, sagt er. gefällt sie dir?, sagt sie. nachdem sie ihm das jausenbrot in die aktentasche gesteckt hat, bricht er auf. in der tür blickt er sich um. sie steht am tisch in dem engen unterrock. die verdammte hackelei, sagt er & entfernt sich wie 1 automat.

wie lang ist 1 tag?

der tag ist 24 stunden lang, aber unterschiedlich breit (alte bauernregel). die 6-jährigen lernen es in der schule: der tag hat 12 stunden, & 12 stunden hat die nacht. die ämter wissen es auch: 1 arbeitstag hat 8 stunden. wenn anna b morgens von daheim fortfährt, sieht sie kaum 1 winziges stück von ihm. & wenn sie abends zurückkommt, ist er fast vorbei. sie hat ihn versäumt, verwartet, verarbeitet, verlümmelt, versessen, verredet, verweint. er ist aufgebraucht bis zum letzten stück.

espresso

auf dem yppenmarkt beginnen die gemüsehändler kisten abzuladen: karotten, gurken, erdäpfel, südfrüchte. frauen spannen 1 plache über 1 standl. das espresso öffnet um 4. iovanovic weiht es jeden morgen ein. in seinem 1. bier spiegeln sich gebrochen die sesselbeine über den tischen, das hirschgeweih an der wand, der weiche besen im sägemehl. im 2. bier erscheinen schalen voll milchkaffee, eingetunkte briochekipferl, selbstgewuzelte zigaretten. i sitzt rücklings auf seinem hocker, die ellbogen hinten aufgestützt. die messingverkleidung der theke erwärmt sich & wird trüb. in das 3. bier treten die frauen. schnatternd, bleich & übernächtig schlürfen sie ihren tee & suchen mit den augen die wände ab. i hebt 1 vergessene *kronenzeitung* auf & faltet daraus flugzeuge. es ist noch nicht zu erkennen, wie der tag werden wird.

am kiosk

morgen.

'n morgen.

kalt heute. sieht aus, als ob wir schnee kriegen.

schnee glaub ich nicht. kalt ja, aber schnee nicht.

& wie geht das geschäft?

wie soll's gehen? es geht. millionär werd ich nicht mit zeitungverkaufen. jeden tag dieselben zeitungen. vom selben zusteller gebracht. von denselben leuten gelesen. ich zerschneide die stricke, lege die zeitungen auf die stapel & verkaufe sie an dieselben kunden. manchmal verliere ich 1, manchmal gewinne ich 1 dazu. jeden tag kommen 2, 3 dutzend laufkunden. jeden tag bleiben dieselben leute stehen. jeden tag erzählen sie mir dieselben geschichten.

1 *wochenausgabe* bitte!

sie werden sehen, es schneit noch.

warten wir's ab.

müll

als du frühmorgens aus dem haus trittst, begegnet dir der müllaufleger. er trägt 1 karottenroten overall mit silbergrauen streifen & zieht 1 koloniakübel hinter sich her. er sieht aus wie 1 städtischer müllaufleger & verhält sich dementsprechend. aber hallo! darf man jemanden nach seinem äußeren beurteilen? wer weiß, vielleicht handelt es sich bei dem müllaufleger um 1 schein-müllaufleger oder trick-müllaufleger? jeder kann ja 1 karottenoverall an- & 1 koloniakübel hinter sich herziehen. vielleicht ist der müllaufleger konditor oder juwelier. oder 1 bankbeamter, der in die rolle 1 städtischen müllauflegers geschlüpft ist, um sein ansehen aufzumöbeln.

fernfahrer

sein vater hat 1 möbelwagen mit 2 rössern gehabt. er kutschiert 1 diesel mit 120 pferdestärken. manchmal fragt er sich, wie wird man sich später fortbewegen? abblendscheinwerfer. nebel. die fahrbahn ist nass. hund, damischer! so 1 sauwetter. die gesichter der vorbeifahrenden kann man nicht wahrnehmen. sie wollen nach salzburg? zur büromöbelmesse? steigen sie ein. alles wird schneller & größer. bis nichts mehr da ist. so lange sich was bewegt, ist noch nichts passiert. & sie leben in sankt pölten? da hab ich meine wohnung. aber eigentlich lebe ich auf der autobahn. fetznschädl! ham s' des g'sehn? am waldrand, wo die autobahn 1 biegung macht, probiert die sonne. durchlassen, ruft sie. doch der nebel bleibt sieger. die anhalter sind meist ganz nett. sie können ruhig rauchen, das stört mich nicht.

bali

der wecker reißt marion aus dem schlaf. sie schläft mit über die ohren gezogener decke, wacht schwer auf, auch wenn sie keine tabletten genommen hat. m hasst uhren. sie schlüpft in den morgenmantel, schlurft in die küche & beginnt mit dem frühstücksritual: kaffeewasser aufsetzen, brot schneiden, musik im radio suchen. 1 flüchtiger blick aus verquollenen augen in den spiegel - soll das ich sein? der automatische griff zur zahnbürste. auf dem küchentisch liegt die gestrige *kronenzeitung*. amokläufer, morde, rekorde. das horoskop (selig sind die leichtgläubigen). die heiratsannoncen. grundstück, wasserbecken, wunderbare lage am hang. labyrinthe verbauter hoffnungen. in bali ist es jetzt nachmittag. m zündet sich 1 marlboro an. noch 3 monate bis zum urlaub, denkt m, während sie das badewasser einlässt.

regen

6 uhr früh. es regnet. frau gruber steht am blumenfenster, hört den tropfen zu. aus dem nebenzimmer kommt 1 stöhnen. er hat sich wieder auf den rücken gedreht. sie geht hinaus, öffnet den kühlschrank. das frühstück ist schnell zubereitet. haferflocken & tee. sein magen wird sich nicht mehr erholen. auch wenn er jetzt nicht mehr raucht. was wird er sagen, bevor er aus dem haus geht? sie gießt die blumen. parma-veilchen, azaleen, weihnachtssterne, den farn. sie füttert das meerschweinchen mit weizenkörnern, heu, 1 stück gurke. mistet aus. na dann, bis mittag, sagt er & geht. frau g schaltet das radio ein. die nachrichten hört sie schon zum 3. x. der efeu auf dem balkon ist eingegangen. das thermometer fällt. jeder abschied ist 1 niederlage. ob es den ganzen tag regnen wird?

jogging

in aller hergottsfrühe dreht gustav seine runde. es ist dunkel & kalt. die kälte beißt ihm die nase ab. die autos tragen schneemützen. (wieso gibt es immer genauso viele autos wie parkplätze?) die straßen sind menschenbleer. hie & da jemand am fenster, blickt in die violette finsternis. 1 frau im morgenmantel streut vogelfutter auf ihren balkon. jesus liebt dich, schreit 1 plakat am trafohäuschen. g beschleunigt das tempo. sein atem bildet kleine dampfwölkchen. 1 häuserfront. grellbunte graffitti. geschäfte mit lebensmittelauslagen. die tankstelle an der kreuzung. dahinter 1 bürogebäude. raumpflegerinnen sitzen im erdgeschoß rings um 1 thermoskanne. 1 baustelle. hier entstehen 16 reihenwohnungen. (wieder konnten der natur 1.500 quadratmeter abgerungen werden.) g läuft schneller, fängt an, seine schritte zu zählen. bis zum eingang des parks hat er 30 minuten gebraucht. jetzt schleppt er sich über die verschneite liegewiese. über den kinderspielplatz. der schnee knirscht. die 1. hundehalter tauchen auf. hellorange spannt die morgensonne ihr zelt über den himmel.

äußerln

irgendjemand hat im gemeindebau verbreitet, das fräulein eisenschien sei einsam. unsinn, wo sie doch ihren bello hat. früh am morgen, die beiden brauchen nicht viel schlaf, bringt bello die leine für den spaziergang. der asphalt ist glänzend vom regen. es geht über die straße zu den zernepften beserln, die sich hochtrabend als park bezeichnen. kalt ist es heute, sagt das fräulein. 1 richtiges hundewetter. bello jagt über den rasen. tauben stieben davon. hechelnd kehrt bello zum fräulein zurück. er schnuppert an ihrem bein. naphtalin, das mag er.

bahnhof

schmid ist auf dem weg zum bahnhof. die aktenmappe in der linken hand wiegt mehr als der musterkoffer in der rechten. noch bis zum nächsten lichtmast. der linke arm ist eingeschlafen. die finger beginnen zu schmerzen. gepäckaufgabe. was mag es da alles geben? die bettkarte steckt in der oberen seitentasche. waggon 5/13, platz 21. das ist in der mitte des perrons. es ist 5 vor 6. die zeitanzeige sieht man nicht. am himmel scheint es kaum 1 wolke zu geben. sch sieht die postkarren am ende des durchgangs. vorn steht 1 mann drauf. sie laufen alle in derselben spur, denkt er.

morgenbetrachtung

1 neuer tag liegt vor franz. wie das unbeschriebene blatt 1 tagebuchs. jeden tag schreibt er 1 neue seite. beim rasieren hört er zwischen blasmusik & wetterbericht die ölige stimme von kaplan paterno. 1 junger mensch, den er kannte, habe 1 paar seiten verpatzt & wollte gleich das ganze buch wegschmeißen. doch halt! gott schenkt ihm jeden tag 1 neues blatt. nimm deine ganze phantasie, bettelt das radio. schreibe 1

lächeln zwischen die zeilen. & fürchte dich nicht vor den seiten von morgen & übermorgen. amen.

gebet

vor dem zähneputzen muss ich an dich denken. meist ist der tag schon beim aufstehen zu kurz. ich habe es eilig. alles leidet unter zeitdruck. hilf mir, dass ich nicht ständig auf die uhr schaue. du wirst heute vielleicht an meine tür klopfen. es wäre schade, wenn ich nicht daheim wäre.

älterwerden

die pendeluhr schlägt 6x. sie hat 1 zifferblatt aus emaille & 2 spitze zeiger. schon 6, sagt maria. jetzt könnte er zum beispiel: ich weiß, sagen. in regelmäßigen abständen knackt es in der uhr. wenn man sie anschaut, versucht sie harmlos auszusehen, aber im nächsten moment schnellt der minutenzeiger 1 teilstrich weiter. um ½ 7 sagt m: es wird langsam hell draußen. warum antwortet er nicht? warum sagst du nichts?, fragt sie. die pendeluhr schlägt 7x. du schaust nicht gesund aus, sagt m. sein gesicht ist ganz grau. der polster weint vor ermattung. die uhr sieht verlogen drein. der tag ist 1 bissl älter geworden.

nachtwache

im hausflur steht noch die nacht. draußen dämmert es schon. 1 mann probiert an fremden türschnallen. es ist der älteste angestellte der bewachungsgesellschaft. er geht langsam, wirft seine schritte nicht leichtfertig aufs pflaster. im lauf der jahre hat er 5 einbrüche entdeckt. er hat krumme beine & 1 magenleiden. in 2 jahren möchte er in den ruhestand treten. er gähnt. schon wieder die verdammten stiche in der brust. er trinkt tausendguldenkrauttee aus 1 thermosflasche. sein schritt verscheucht 1 katze, zerschellt am gegenüberliegenden gehsteig, kehrt gebrochen zurück.

lichthof

7 stockwerke ist das bürohaus hoch. daniza kolaric bringt um 5 uhr 45 den inhalt von 12 papierkörben aus den büros des 6. stocks in den lichthof, um ihn in den container zu leeren: konzepte, stenogramme, zeitungen, zerrissene briefumschläge, essensreste, 1 säckchen dattelkerne. sie ist krankenversichert, urlaubsberechtigt, mitglied der gewerkschaft, gesund & mutter 2er kinder. nach dem 5. kübel seufzt sie, hebt den kopf & sieht 7 stockwerke über sich 1 stück himmel, 2 x 6 me-

ter groß. er ist blaugrau & 1 bisserl verschleiert vom dunst der stadt. als kind hat sie immer in den himmel kommen wollen vor dem einschlafen. der himmel ist leer, & frau k ist traurig. sie hat aus dem lichtschacht ihres lebens zum himmel hinaufgeblickt. & hat nichts gesehen. sie wird die restlichen papierkörbe in den container leeren & in die büros im 6. stock tragen. es wird 5 uhr 46 werden.

ausreden für morgenmuffel

bitte, auf dem weg zum büro hab ich 1 brieftasche mit 7.003 euro & 60 cent gefunden. weil auf dem polizeiwachzimmer das geld genau gezählt & 1 quittung ausgestellt werden musste, bin ich zu spät dran.

bitte, der pinschpudeldackelmischling meiner tante elfi hat beim äußerln zu raufen begonnen & wurde am linken ohr verletzt. da er 1 heftig blutende wunde davontrug, musste ich ihn zum tierarzt bringen & konnte daher nicht pünktlich sein.

während ich den lift benützte, brach im hause aus ungeklärter ursache 1 brand aus. da zu meiner befreiung das erscheinen der städtischen feuerwehr abgewartet werden musste, konnte ich nicht rechtzeitig erscheinen.

als ich in der früh aufstand, verspürte ich entsetzliches bauchgrimmen. weil unser gangklo verstopft ist, musste ich mich gedulden, bis der installateur den schaden behoben hatte.

die u-bahn hat verspätung gehabt, weil sich 1 selbstmörderin nicht beherrschen konnte.

beim zubereiten des frühstücks habe ich mir unglücklicherweise die hand im kühlschrank eingeklemmt, sodass ich zum binden der krawatte 20 minuten länger brauchte.

mein 5-jähriger bruder hat alle uhren im haus zurückgestellt.

mein wellensittich hat heute zum 1. x gesprochen. deshalb musste ich warten, bis er nochmals spricht, damit ich ihn auf dem i-pod aufnehmen kann.

sorry, auf der autobahn frühstückt 1 dinosaurier. (wenig glaubwürdig)

entschuldigung, dass ich so spät komme. ich habe 1 ¾ stunde gebraucht, bis mir 1 ausrede eingefallen ist.

bauernregeln

1 guter tag fängt morgens an.

der anfang ist die hälfte vom ganzen.

wer sich morgens die zähne ausbeißt, kann am abend nicht kauen.

wer morgens zerknittert ist, hat tagsüber viele entfaltungsmöglichkeiten.

eisblumen

kälte & raureif draußen. im garten faulen die frostverbrannten stängel der sonnenblumen. frau klement steht am küchenfenster & haucht die scheibe an, damit die eisblumen schmelzen. aber sie schmelzen nicht, trüben sich nur. selbst wenn mein atem sehr warm ist, denkt sie, reicht er nicht aus, sie zu schmelzen. nein, franz, ich heize nicht mehr. es ist zu umständlich mit den briketts & der asche. ich bin abgehärtet. unter 17 grad hab ich es nie. zünde alle gasflammen an, wenn es zu kalt ist. frau k versucht, mit der messerspitze die eisblumen wegzukratzen. 3 stockwerke unter den sternkristallen die 1. verkehrsgeräusche. 1 städtisches räumfahrzeug, das karottenballett, der werksbus. dunkle vierecke schieben sich zwischen die schneehaufen. gedämpfte wattelaute werden heraufgeweht, nein, franz, du musst keine angst haben. ich bin ganz gut beisammen. komme zu allerheiligen zu dir hinaus. meinen namen habe ich schon eingravieren lassen. in goldbuchstaben. gleich unter deinem. den tag kann ich ja nicht wissen. den monat auch nicht. winter wird es wahrscheinlich sein. man müsste 1 kerze nehmen, das eis wegschmelzen. draußen steigt die sonne in die morgenleere wie 1 gelber luftballon. die augen schmerzen, wenn man sie betrachtet.

aphorismus

der schlaf ist am gesündesten vor mitternacht. nach mitternacht. im morgengrauen. am vormittag. am mittag. am nachmittag & am abend.

dorf im schnee

in den weiden & im holunder klappert der wind. er klappert, als würden skelette geschüttelt. die melkerin scheppert im hof mit den milchkübeln. im stall ist es warm. die mägen der pferde knurren im schlaf. von kühen gekannt werden, von dampfenden mäulern gestupst. sich in den milch- & ausmistungsrhythmus fügen – es ist 1 gefühl wie nachhause zu kommen.

regentheater

im regen fahren die autos rückwärts. auch die leute gehen rückwärts wenn es regnet. niemand erinnert sich, wann die wolke gekommen ist, die den regen gebracht hat. die frau sagt: ich kann meine miete nicht bezahlen. der mann sagt: ich werde nicht gehen. egal was sie sagen. sie müssen mich forttragen. ich bleibe. die frau sagt: man kann nicht gegen den strom schwimmen. der regen ist stark & die leute werden von unten her nass. sie stehen vor den auslagen der geschlossenen geschäfte. die frau sagt: du hast immer 2 frauen gleichzeitig geliebt. der mann sagt: ich habe angst vor der einsamkeit. die ganze zeit regnet es. die leute gehen durch die straßen, ohne ans ziel zu kommen. im regen lassen sich tränen gut verstecken.

café nostalgie

der mann & die frau sitzen im kaffeehaus. ich erzähle dir 1 geschichte, sagt der mann. 1 mann & 1 frau träumen. die frau träumt, dass der mann 1 blaues segel ist. der mann träumt, dass die frau 1 schiff ist. die frau träumt, dass sie mit dem wind aufs offene meer hinausfahren. der mann sitzt am bootsrand & singt. die frau sucht mit dem fernrohr die sterne ab. ist es noch weit?, fragt der mann. ja, sehr weit, sagt die frau. in der nacht liegen der mann & die frau auf dem schiff & träumen. sie träumen, dass das meer 1 ende hat. die frau träumt, dass der mann 1 schiff ist. der mann träumt, dass die frau das meer ist.

Jahreszeiten

wenn's im oktober stürmt & schneit,
dann ist der winter nimma weit.
alte bauernregel

neujahr

welttag der vorsätze, gewidmet dem aspirin & alka seltzer.

jänner

der j ist der abscheulichste monat. gern würde man auf ihn verzichten. er ist die mittelstation des tunnels winter. vor & hinter ihm finsternis. von oben sondert sich kalte, halb gefrorene flüssigkeit ab, die dir der wind ins gesicht peitscht. manchmal sticht die sonne herein - jännerlich, 1 schatten ihrer selbst. sie leidet unter niedrigem blutdruck & bräuchte dringend 1 anschluss ans fernheizwerk. die u-bahn ist voller als sonst, weil alle mit ihren daunenjacken 3x so voluminös sind. in der freizeit zwingt dich der j, lustig zu sein. er schickt dich auf bälle & droht mit dem fasching. dem j graut vor sich selbst.

februar

in deutschland heißt er feber, das macht ihn noch kürzer. man sollte ihn aus dem kalender streichen.

valentinstag

nein, den feiern wir nicht. wer soll dieser heilige valentin sein? ist mir egal. & ich bezweifle, dass er es mag, dass die leute zu seinem andenken ihr geld in den hollandblumenmarkt tragen.

ostern

bei der mahlzeit sprechen wir, was naheliegt, von tod & auferstehung.

april

der lieblingsmonat der meteorologen, die hälfte ihrer voraussagen trifft immer zu. a, a, der macht, was er will. vermutlich tun das der februar & der november genauso, aber das reimt sich eben nicht. 1 eigenheit jedoch hat der a in jedem fall. sein 1. tag ist für scherzbolde 1 bedeutender tag. weil jeder noch so plumpe versuch 1 mitmenschen zu täuschen, vom fröhlichen ausruf a, a! legitimiert wird.

sommerzeit

seit wann gibt es sie, diese spartechnik? dass an der uhr gedreht wird in 1 nacht im frühling & am morgen ist alles anders & es fehlt 1 stunde. am abend kommt diese stunde zurück. um 6 ist es so hell wie um 5. die tage werden länger. nicht nur wegen der zeitverschiebung, sondern wirklich. abends um 8 kann man noch beim heurigen sitzen. die kinder spielen draußen & wollen nicht ins bett. die stunde, die über nacht verloren ging, kommt zurück wie 1 geschenk. es ist 1 lächerliches, schönes spiel mit der zeit. die ewigkeit vergessen. oder die ewigkeit spüren. als ob man sich das licht ausleihen könnte. oder kaufen sogar.

mai

endlich kein r mehr. die monate ohne r sind die schönsten. dann darf man barfuß laufen. & die liebe ist leichter als sonst. der m hat auch das allerschönste grün. so zirka 1 million schattierungen. er ist der monat, in dem man das gras wachsen sieht & die bäume über nacht kleider anziehen.

wieder 1x in die m-andacht gehen, könnte nicht schaden. als ministrant musste man ja. die litanei zog sich entsetzlich. die knie taten weh & die augen wurden 1 schlitz. wenn man auf der betbank rutschte, zog man sich womöglich 1 schiefer ein. alles neu macht er, der wonnemonat. aber den staub im zimmer sieht man leider auch sehr genau. m-regen bringt segen. blöder kitsch, dieser reim. aber es stimmt. jetzt 1 warme himmelsdusche. das wirkt besser als jede gurkenmaske. genau wie einst im m ist jetzt alles wieder. der m macht alles neu.

muttertag

wenn der topflappen aus laufmaschen, ein handabdruck in gips & ein gedicht samt tintenklecks geliefert werden, kommt echt rührung auf. keine geschmackspolizei der welt könnte dir einreden, dass der bemalte hangerl-halter nicht zu den fliesen passt. was die kinder im kulleraugen-alter gebastelt haben, bringen sie nie mehr zusammen. in der u-bahn feierliche gesichter, unterwegs zum anstandsbesuch bei muttern. auf dem nebensitz 1 paar blümchen. cellophan-papier mit rosen-aufdruck, herzerl aus roter folie schon fix montiert. & pralinen (die mit der piemont-kirsche). irgendwas, seufz, muss man ja mitbringen. muss man? eh nicht. das letzte vom allerletzten aber: 1 sms auf dem handy! von solchen kindern möchte man sich scheiden lassen.

sommer

300 tage im jahr schläft der s. er ist müde vom sommern, knotzt irgendwo im süden. in gegenden, von denen die kinderbücher erzählen. er riecht nach himbeereis, seetang & heißem gummi. der s hat namen wie dschesolo, ka-urle oder gabitsche mare. manchmal wird der s verpackt. er schlüpft in badetaschen, reisekoffer, rucksäcke, kartonschachteln, lederetuis oder plastiksackerl.

juni

deutschtümler nennen ihn brachmond. über der landschaft schwimmen rostrote marzipanwölkchen. der fluss stinkt. fischer ziehen fische aus lackiertem blech an land & freuen sich über die reiche beute. die nachbarin strickt einen nicht enden wollenden strumpf aus luft & zählt in blindem eifer die maschen. die leute schauen zum himmel hinauf & sagen: es ist alles wie immer.

august

hundstage. das leben steht still in schwerelosigkeit. wie die schaukel, wenn sie ganz oben ist.

september

an der bushaltestelle warten daunenjacken neben ärmellosen leiberln. während die einen sonnengerötet die neuen winterstiefel vollschwitzen, frieren sich die anderen in sandalen die zehen blau. ist es nicht urpeinlich, jetzt schon die warmen sachen? ist es nicht ebenso peinlich, in der morgenkälte im sommerg'wand rumzulaufen? aber zu mittag ist es immer noch … usw. im supermarkt gibt's schon weihnachtslebkuchen & adventschmuck. war nicht eben erst sommerschlussverkauf? nicht so drängeln, meine damen & herren saisonen, bitte. 1 nach der andern, wenn's recht ist! wir haben's nicht eilig! jetzt wollen wir erst 1x den sommer in den herbst sich umziehen sehen. graufrei in den farben der ernte. sonnengerötet & warm. noch zieht der geruch von grillkohle & verbranntem fleisch durch den gemeindebau. schon mischt sich maroniduft hinein.

herbstanfang

in den letzten wochen hat kornelia sandalen getragen. als die füße gegen mittag immer noch kalt sind, merkt sie, dass der herbst gekommen ist. sie sieht die gebündelten strohballen im stoppelfeld & zieht strümpfe an. der garten rückt weiter weg. wäre nicht die wespenplage, hätte sich der sommer ganz ereignislos an ihr vorbeigeschummelt. morgen kommt die schwiegertochter & bringt 1 paar karotten herein. & erdäpfel, die sie selbst ausgelegt hat. heute wird sie milchreis kochen. fleisch verträgt sie ja auch nicht mehr.

herbst

kastanientiere in den kindergärten. plastikblätter, die es aus chinesischen deko-fabriken in die auslagenfenster geweht hat.

oktober

wenn 1 durchsichtiger, grünblauer himmel sich über die landschaft spannt, strahlen die laubbäume in hellem gold, werden fichten & tannen fast schwarz. regenwasser hat sich in 1 mulde gesammelt. rundherum ist der boden schwarz, ohne 1 spur von vegetation. von bäumen abgefallenes modert stumm vor sich hin. nicht die geringste brise stört die regungslosigkeit. aufdringlich sterben überall an den fensterscheiben die fliegen. ich kann sie sammeln & in den papierkorb werfen.

allerseelen

papa, wie ist es, wenn man tot ist? müssen alle leute sterben? & niemand kann hören wie sie reden? furchtbar kalt war es immer. die hauben, pelzhüte. & die düsteren statuen. schnee ist auch meistens schon gelegen. dieser schnee auf den gefrorenen blumen. im winter tun die toten den kindern am meisten leid. nach dem friedhofsbesuch gibt's heiße maroni.

november

er wird nicht gemocht. er wird gemobbt. dabei ist er besser als sein ruf. man muss nicht heiraten & niemanden in den april schicken. man muss nicht an weihnachtsgeschenke denken. nicht schifahren. nichts aussäen. muss nicht an die neue bademode oder die bevorstehende wiederholungsprüfung denken. & das bisschen nebel ist gut für die haut. das casting für die weihnachtsmänner beginnt. der winter rutscht an 1 eiszapfen zum boden hinab.

nikolaus

alles rot: der punsch, die wangen, nasen & ohren. die spö träumt von alten zeiten. alle waren brav & doch gibt's mit der rute 1 paar auf den rücken, sicherheitshalber. datteln, feigen, nüsse & schokolade sind grundnahrungsmittel geworden. die verkäufer in den supermärkten werden nervös. die regale sind noch voller nikolos & aus den lagern drängeln schon die osterhasen. wenn das so weitergeht, wird es knapp mit dem umschmelzen. kann man nicht irgendwelche symbole erfinden, die für alle anlässe passen? so was wie mcdonald's? der n ist von seinem amt zurückgetreten. er hat seinen mantel im kostümverleih abgegeben. 1 bub hat ihn hinter seinem rauschebart erkannt. als ihn der n tadeln wollte, sagt er: bist du nicht der herr traunfellner, der am samstag im stiegenhaus das fräulein strauß geküsst hat?

advent

das ist die stillste zeit im jahr. mit diesem ausspruch hat karlheinrich waggerl den nagel auf den kopf getroffen. die menschen bereiten sich auf das weihnachtsfest vor, halten einkehr nicht nur in gaststätten, sondern auch innerlich. die geschäfte sind oasen der stille, es legt sich das hektische treiben in den betrieben. leise rieselt der schnee, die stadtleute träumen angesichts des braunen matsches auf den straßen von white christmas & pfeifen auf die sorgen des alltags – wie bing crosby auf der schallplatte.

wir schreiben briefe & schicken kartengrüße an leute, die uns das ganze jahr keinen gedanken wert sind. wir machen geschenke, um welche zu bekommen. wir singen mit den kindern fromme weisen & schaffen uns 1 neues fernsehgerät an. wir jagen die umsätze der geschenkartikel-branchen in die höhe & fassen wieder einmal gute vorsätze. so kann man die a-wochen mühelos vollstopfen.

dezember

1 rotgedrucktes datum befiehlt: jetzt muss ich innerlich werden! jesus kommt wieder! der kalender hat seine pflicht getan. die erleuchtung wird mit 4 kerzen zwischen tannengrün gesetzt. das 1. licht ist das schönste. es heizt die kauflust an. zwischen marzipanbrotbergen, lebkuchen-paketen & spekulatiusstanizeln entscheidet sich die innere einkehr für volle einkaufstaschen.

die kinder basteln stanniolsterne; der vater begutachtet maschinengewehre im spielzeuggeschäft. kompanieweise fallen nordmann-tannen. es werden keine gefangenen gemacht. die profis des schlechten gewissens haben hochkonjunktur. wir machen uns wie die heiligen 3 könige auf den weg & überreichen den armen händlern in den einkaufstempeln unsere kreditkarten. abgekämpft stehen wir dann vor dem weihnachtsbaum & mäkeln an unseren geschenken herum.

winter

lange wurde er ersehnt, zu weihnachten, zu neujahr & in den energieferien. von kindern, kurorten & schifahrern. dann fallen der schnee & die temperatur. & er ist da, kernfest & auf die dauer. nach anfänglichem jubel bringt er uns das zittern bei. 1 kalter hauch dringt durch ritzen & fugen. die fensterscheiben werden undurchsichtig, die leitungen im gangklo frieren zu. es zieht an allen ecken & enden. der physiklehrer erläutert die schneekristalle, die reisebüros melden ausgebuchte tropenhotels. fotografen stürzen sich auf reifverhangene bäume & zäune. berichte von erfrorenen nachtschwärmern, glatteisunfällen & hungernden vögeln füllen die zeitungsspalten. versicherungen jammern über wasserschäden.

der w ist - wie wetterredaktionen betonen - für die jahreszeit zu kalt oder zu warm. da kann man sich als älterer mensch leicht 1 lungenentzündung holen. & schon beginnt der anfang vom ende. verständlich, dass man sich da gleich auch gedanken über 1 mögliche wiedergeburt macht.

silvester

die toten des abgelaufenen jahres sind aus dem telefonverzeichnis ausradiert. runzlig & abgekämpft fallen die tage vom kalender.

Kinderszenen

von mädchen im kommunionkleid vorzulesen

kinder sind rätsel von gott &
schwerer als alle zu lösen.
friedrich hebbel

das kinderspiel „wir spielen weltkrieg" ist noch trostloser als
der ernst „wir spielen kinderstube".
karl kraus

im park

die kinder tobten im park & schrieen. vor ihnen stand die wärterin. wenn sie mit der peitsche knallte, musste jedes kind der reihe nach sagen: ich bin gerne hier! dann war die wärterin zufrieden & die kinder durften weitertoben. 1x sagte ein mädchen: ich bin nicht gerne hier! es wurde aus dem kreis ausgeschlossen & weggeschafft.

nach einigen jahren kehrt das mädchen in den park zurück. ich bin gerne hier, sagt es mit besonders lauter stimme, die peitsche in der hand.

romana

als ich noch nicht da gewesen bin, war ich schon seiltänzerin. ich lag in meiner mutter. sie machte den spagat auf dem hohen seil. & ich schaute hinunter. 1x konnte sie vom spagat nicht mehr hochkommen & ich bin fast herausgefallen.

wenn mich wer nach meinem namen fragt, sage ich: fragen sie meine mutter. wenn man weiß, wer ich bin, werde ich entführt. im hotel schiebt mein vater den kasten vor die tür, den sessel vor den kasten, das bett vor den sessel. wir schlafen alle im selben bett. gottseidank gibt es keine balkontür.

was meine eltern im zirkus machen, gibt es nur 1 einziges x. meine mutter hängt an den haaren an 1 seil & ich werfe ihr die keulen zu. ich darf niemandem sagen, wie lang die haare meiner mutter sind, sonst stehlen sie uns die nummer. dann haben wir keine arbeit & müssen verhungern.

unser hund hat auch 1 beruf. er raucht zigarren & macht pipi in den hut von meinem vater. er trägt 1 kleid & tanzt & fletscht die zähne. die leute finden das zum schießen. im wohnwagen macht er nicht pipi & im hotel geht er ins badezimmer. er schläft bei mir auf dem bauch. wenn im hotel hunde verboten sind, verstecken wir ihn in 1 tasche.

mein vater ist clown. er spricht in jedem satz 1 andere sprache. ich glaube, er versteht selber nicht, was er sagt. mein vater ist so berühmt wie der präsident von amerika. er ist clown & akrobat & räuber. vor der vorstellung steht er an der bar & redet mit wichtigen leuten. oder er schlägt meine mutter & zerschnipselt die kostüme mit dem rasiermesser. oder er sagt: heute lasse ich dich von der kuppel hinunterfallen.

ich darf nie allein bleiben mit meinem vater. mein vater mag sowieso nur unseren hund. ich war nur jemand, bevor ich geboren wurde. ich will am liebsten tot sein. dann weinen alle bei meinem begräbnis & machen sich vorwürfe.

ich werde 2 männer heiraten. oder noch mehr, dann werde ich nie nie allein sein. bei der hochzeit werde ich sie unter dem tisch anfassen, wo es verboten ist. die leute werden wein trinken & neidisch sein. meine männer werden mich lieben & abschlecken.

meine mutter lässt sich auch von männern abschlecken. wir sind gute menschen, sagt meine mutter, weil wir katholisch sind. das ist, wenn man an gott glaubt, sagt sie. gott möchte, dass alle menschen tot sind. damit es ihnen gut geht. im himmel gibt es 1 spezialabteilung für artisten, die fliegen können.

tutsch

der tutsch spielt immer blöder hund. oder wilder hund. weil es so lustig ist. die freunde sagen: warum spielst du immer den blöden hund? oder sie sagen: warum spielst du immer den wilden hund? sie denken, der tutsch ist 1 mega-cooler, blöder hund. oder 1 mega-cooler, wilder hund. & dann beneiden sie ihn. weil es immer 1 mordsmäßige gaude gibt, wenn der tutsch auftaucht. nur in seine gasse will keiner kommen. lieber will jeder nur zuschauen, wenn er den blöden hund spielt. was eigentlich hundsgemein ist. weil dann dem tutsch die ganze arbeit bleibt. aber er ist eben 1 blöder hund, 1 wilder. deshalb kriegt er die ganze mordsmäßige gaude ganz allein hin.

wenn der tutsch seine gaude woanders macht, reden die freunde über ihn. warum er immer den blöden hund spielt. oder den wilden hund. obwohl er in wirklichkeit vielleicht gar kein blöder hund ist. auch wenn er manchmal über die schnur haut, wenn er blöder hund spielt. oder wilder hund. sie mögen ihn einfach. weil er ja eigentlich 1 armer hund ist. der tutsch.

daniel

die sonne sticht. daniel schließt die augen, fährt sich mit der hand über die stirn. (ich werde mami um 1 tablette bitten.) mami. sie wird auf ihn warten. mami wird weinen. (daniel! 3 pinsche! wie soll ich das begreifen? dein papa war immer der erste!) papa hat bessere lehrer gehabt. (kein held in mathe, junger mann!) was nun?

schlechtes zeugnis?, fragt der mann. daniel geht wortlos weiter.

hallo! du! der mann geht ihm nach. nimm das nicht so tragisch. ich kenn das. hab auch so 1 strenge mami gehabt.

zum teufel mit ihrer mami, schreit daniel.

1 bisschen zuviel hitze, was? der mann lacht. er hat gelbe zähne.

was wollen sie von mir?, sagt daniel.

ich sammle briefmarken, sagt der mann. ich hab ganz seltene übersee. willst du die sehen? dort in dem roten haus wohn ich.

daniel schüttelt den kopf.

ach so. ich hab vergessen. deine mami wartet. & - ach ja, mami wird weinen.

was geht sie das an?, sagt daniel. (daniel! wie kannst du mir das antun!)

haben sie wirklich briefmarken?

& ob! der mann lacht. etwas zu lange wimpern. etwas zu schmaler mund. vielleicht schenk ich dir welche. wie heißt du eigentlich?

(mami wird warten. mami wird weinen. so & so.)

gottfried

peter gottfried war ministrant. nach jeder selbstbefriedigung schlug er 1 kreuzzeichen & betete 3 gegrüßetseistdumaria. das strafmaß hatte er selbst festgelegt, es erschien ihm angemessen. nur selten, nach besonderen glücksmomenten, erhöhte er es auf 5 oder 6. manchmal hatte er es so eilig, dass er noch während der befriedigung mit der buße begann. dann musste er das kreuzzeichen mit der linken schlagen, er keuchte & stöhnte das 1. gegrüßetseistdumaria & beendete das letzte mit der körperreinigung. beim abschließenden kreuzzeichen war er schon vollkommen sauber.

stille post

wenn die gewerbeschüler der mödlinger htl an der haltestelle auf den schulbus warten, erfährt man die erstaunlichsten dinge: paula ist zickig. agnes hat schon 3x pech gehabt. bei berta weiß man nicht genau. christa zögert noch. erna redet nicht darüber. elsa ziert sich 1 bisschen. claudia hört auf ihre eltern. elisabeth rechnet nach. helena sucht überall. karin ist einfach zu kompliziert. gaby findet keinen. edith weint jedesmal. erika freut sich wie 1 kind. rita ist sofort dabei. angela will nichts davon wissen. kathi muss man dazu überreden. gerti spricht nicht davon. lisa hat angst. martha nimmt alles tragisch. bei ingrid hat es keinen zweck. herta weiß nicht, was sie will.

dickwanst

es ist 1 organischer defekt. zunge & gaumen passen nicht aufeinander. das dichtet nicht richtig ab beim schlucken. mit jedem bissen kommt luft in die kehle. von der kehle in den bauch, dort sammelt sie sich & drückt & bläht. abends bin ich so leicht, dass ich mich kaum auf dem boden halten kann. in den ort mag ich schon gar nicht mehr gehen. diese riesigen luftsprünge! immer gleich mit dem kopf über der dachrinne. wenn der zug vorbeibraust, muss ich mir schnell 1 geländer suchen, 1 mast, 1 schwere maschine, sonst bläst mich die druckwelle fort. wehe, wenn wind kommt & nichts in der nähe ist, woran ich mich festhalten kann. pfuch, bin ich weg. 1x hat mich 1 sturm verweht. für den rückweg hab ich 4 tage gebraucht!

dazu die nächte. stundenlang wälz ich mich auf der matratze, weil mir die bettschwere fehlt. nach & nach werd ich schwerer, aber mit welchem getöse, mit welchem gestank! das mutet man keinem zu. im morgengrauen fall ich endlich in 1 bleiernen schlaf. 2, 3 stunden, dann rasselt der wecker. ich setz mich zum frühstück & alles beginnt von vorn.

ich fresse luft in mich hinein. ich schluck sie literweise, als gäbe es nicht genug davon. dabei ständig der hunger. ich schlucke & schlucke. der magen arbeitet & arbeitet. luft ist nix für 1 magen, 1 unverdaulicher stoff. er wird nicht fertig damit. manchmal möchte ich steine fressen oder glas oder feuer. oder das meer austrinken. fenchel- & kümmelkerne. verschiedene sorten tee. massagen. wärmflaschen. medikamente. yoga. akupunktur - ich hab alles versucht. hab nachts bei vollmond knoblauchzehen vergraben unterm kirschbaum im garten. ohne erfolg. was hab ich mir nicht schon alles abgewöhnt! von 1 unart in die nächste bin ich gefallen. vom daumenlutschen zum nägelbeißen, vom nägelbeißen zum kettenrauchen, vom kettenrauchen zum trinken, vom trinken zum luftschlucken. immer vom regen in die traufe. es ist immer schlimmer geworden. wer weiß, was als nächstes kommt. wär ich nur beim daumenlutschen geblieben. damit ist es mir noch am besten gegangen.

karoline

meine armen eltern. sie tun mir so leid. die leute schauen sie schief an. sie grüßen kaum mehr. was haben sie denn getan? die beulen auf meinem kopf? ich hab es doch gesagt. sie stammen von 1 sturz. ich bin ungeschickt, sehr ungeschickt. das verschwollene auge hab ich mir selber zugefügt. ja, mit der faust. ich wollte 1 nagel herausziehen. da bin ich abgerutscht. ausgerutscht. gestolpert. 1 hund hat mich angefallen. ich hab es doch gesagt. ich bin gegen 1 schaukel gelaufen. gegen 1 auto. nachts. es war finster. & glatt. frischt gewaxelt.

ich kann alles erklären. ich bin zu laut. das muss ich mir abgewöhnen. die nachbarn regen sich auf. sie können mir unmöglich meine boshaftigkeit durchgehen lassen. sie können den lärm nicht überhören, den ich mache. sie können die stille nicht überhören. wenn ich still bin, führe ich was im schild. es ist besser, wenn kurzer prozess gemacht wird. flatsch & fertig. mit dem nackten hintern auf die herdplatte. den tennisball in die fresse. wenn lange gefackelt wird, bin ich gleich wieder frech. gleich kommen falsche hoffnungen auf bei mir. schlechte gedanken. bosheit. hass. zerstörungswut. sie können es mir nicht durchgehen lassen. ihr kennt mich nicht.

manchmal, wenn ich ausgeheult hab, wenn ich 1 bisschen gebessert bin, nach 1 watschn, rede ich in gedanken mit ihnen. wisst ihr noch, sag ich, wie schön es war ohne mich? wie still & friedlich? könnte es nicht wieder so sein? schlagt mich doch tot. aber das ist 1 traum. das darf ich im ernst nicht wünschen. ich muss schauen, dass ich am leben bleibe. wie stehen sie sonst da. mit einem erschlagenen kind? wer soll den leuten erklären, dass es 1 unfall war, wenn ich tot bin.

tom

1 sommervormittag. so 1 tag, an dem dichter das laub zittern & 1 sonnenstreif am weidenzweig balancieren lassen. tom & ich sitzen in der sonne. ich & tom. in der sonne. om & tich titzen in der somme. tom ist 6 & ½ monate alt, genau 23, 24, 26 wochen alt, hat gerade beine & 1 sehr edlen kopf. im herbst soll er auf die ausstellung. obwohl wir ausstellungen lästig finden. wir unterhalten uns gerade darüber, dass wir ausstellungen lästig finden, als der laubzitternde sonnengestreifte vormittag plötzlich durch 1 spazierengehende dame gestört wird. sie trappelt den weg herauf, sie & ihr schatten. kommt heran, bleibt vor tom stehen, sieht in an & sagt: der hat die staupe! nein! sage ich, weil ich weiß, tom hat die staupe nicht, taup hat die stompe

nicht & darum darf sie so etwas nicht sagen. man sieht, dass er die staupe hat. das sieht man an den hinterbeinen. mein hund hat genau solche hinterbeine gehabt. vor 3 wochen ist er gestorben. jetzt sitzen wir hier in der sonne, tom & ich. om & tich sitzen in der sonne. & da kommt 1 wildfremde dame & schleudert uns unfreundlichkeiten ins gesicht.

fridolin

meine mami sagt, ich bin 1 böser bub. ich weiß nicht, was sie immer hat. ich bemühe mich, 1 braver bub zu sein. papa sagt, so etwas wie mich gibt es kein 2. x. ich verstehe das nicht. gestern haben sie mir alle spielsachen weggenommen & mich eingesperrt. sie sind böse, weil ich alles kaputt mache. aber ich tu es nicht absichtlich. ich habe immer das verlangen, ins innere zu schauen.

mami ist weggegangen. sie hat gesagt, sie kommt gleich. ich war mit dem baby allein. es hat so viel geschrien. ich wollte wissen, warum es so viel schreit. ich machte das baby auf. es floss viel dickes wasser heraus. jetzt liegt es da. der teppich ist ganz rot. ich glaube, mami wird schimpfen, weil ich das baby kaputt gemacht habe.

der heilige abend

wann kommt das christkind?, fragte lisa.

bald, sagte die mutter. zuerst wird papa den karpfen schlachten. & dann, wenn wir ihn gegessen haben, kommt das christkind & bringt deine geschenke.

was heißt schlachten, mami?

na, seid ihr fertig?, fragte der vater. er war festlich gekleidet, trug 1 dunklen anzug & 1 weißes hemd. in der linken hand hielt er 1 messer. ich werde dir jetzt zeigen wie man 1 karpfen schlachtet, sagte er. auch frauen müssen das können.

er packte den karpfen & legte ihn auf das schneidbrett. der karpfen zappelte.

nein! nein!, schrie lisa.

du stehst nur im weg, sagte der vater & schubste lisa zur seite.

was ist denn los?, rief die mutter.

papa, nein! lisa griff hinauf zu dem zappelnden karpfen. das messer des vaters fuhr herab. lisas hand zappelte auf dem schneidbrett. überall spritzte blut herum & besudelte die schöne, weiß gekachelte küche. das war der heilige abend.

züge

der bahnhof dient den buben als spielplatz. sie kennen die züge mit namen & wissen die durchfahrtszeiten. mozart 12.45, chopin 16.23, leonardo da vinci 17.15. angelo wartet in abgeschnittenen jeans auf 1 zug, der nur für ihn halten wird. die expresszüge lassen die haare der kinder fliegen & bringen ihren erhitzten gesichtern 1 moment lang kühlung. die schlusslichter entfernen sich gleichgültig. dann stossen die buben den ball vor sich her über den asphalt. ihr spiel geht weiter. zug um zug.

haariges

ich trapple an 1 friseurladen vorbei. hinter der fensterscheibe wird 1 kopf bearbeitet. 1 grüner kittel schnippt, mit dem rücken zu mir, wie zum gruß mit der schere mehrmals in die luft. im café tue ich, als lese ich zeitung. am nebentisch betet 1 mädchen 1 litanei: fanda kanda wanda zanda … die mutter sagt: & was ist jetzt das wieder für 1 sprache? das kind sagt: das sind die namen meiner haare. & ich spüre, wie sie sich mir aus dem kopf schlängeln.

karin

karin glaubt an gott & an das jesuskind. & natürlich, was noch wichtiger ist, an den himmel. da ich mich in himmelsdingen nicht auskenne, muss sie sich alles selber ausdenken. wie werden wir uns denn im himmel finden?, fragt sie.

wie meinst du das?

man sieht ja nichts.

wieso sieht man im himmel nichts?

man hat doch die augen zu, wenn man tot ist.

mhm. stimmt.

wie finden wir uns dann?

ich sage ihr, dass ich sie immer finden werde: du bleibst einfach stehen & ich geh dich suchen.

aber was ist, wenn du an mir vorbeiläufst?

weißt du was, sage ich, wir machen uns 1 zeichen aus. 1 pfiff, hoch-tief. das kannst du doch. gut?

gut.

vor dem einschlafen muss ich nachdenken, wie das wäre. karin steht im himmel & ich finde sie & wir pfeifen hoch-tief. ich würde mir das wirklich wünschen.

flohwalzer

schließ bitte das fenster. mich friert, sagt die großmutter.

da ist kein fenster, sagt anni.

woher kommt denn die zugluft?

anni klettert auf den klavierschemel. nach 1 weile sagt die großmutter: strickst du? ich höre stricknadeln klappern.

nein, sagt anni. ich kann nicht stricken. wenn ich könnte, würde ich dir 1 pullover stricken. oder 1 jacke.

fein, sagt die großmutter. welche farbe?

grün vielleicht. oder bääsch.

grün kann ich mir gut vorstellen. aber wie sieht bääsch aus?

na, bääsch eben. anni öffnet den klavierdeckel & beginnt zu spielen.

warum spielst du immer den flohwalzer?, sagt die großmutter.

ich kann nur den flohwalzer. alles andere ist mir zu schwer.

ich liebe chopin, sagt die großmutter.

anni lässt die hände von den tasten fallen. es ist still im zimmer.

spiel weiter, sagt die großmutter. ich friere nicht mehr.

gut, dass kein fenster da ist.

fliegen lernen

es ist 1 kindertraum. immer wieder träumt sie ihn herbei. er führt sie über wälder, an schlössern vorbei zu engeln in weißen gewändern mit weichen flügeln. sie fliegen mit ihr zu ihren freundinnen. & zur großmutter, die 1 tages beschlossen hat, in den himmel zu übersiedeln. anni will nachschauen, ob alles in ordnung ist dort oben. ob die großmutter ihr kaffeehäferl mit hat. & ihre stricknadeln, mit denen sie winterpullis anfertigt. solche flügel will sie haben.

nachts kommt das fieber. anni sieht gelbe & rosa flecken an der decke. die großmutter sitzt an ihrem bett. hinter ihr ist 1 flattern zu hören. anni reibt sich die augen. was für coole flügel du hast, sagt sie. darf ich die angreifen? dann stehen beide auf dem bett. startklar?, sagt die großmutter. zuerst fliegen sie durchs wohnzimmer, am fernseher vorbei zum küchenfenster, das 1 spalt breit offen ist.

großmutter & anni sitzen auf 1 wolke. da wohnst du?, sagt anni. wo ist denn der spielplatz? die großmutter schmunzelt. es gibt hier keinen spielplatz. anni ist enttäuscht. wie kann man hier leben, ohne sich zu langweilen? wenn man den ganzen tag auf 1 wolke sitzt & auf die welt hinunterschaut? du musst so alt werden wie ich, sagt die großmutter, damit du das genießen kannst. außerdem sehe ich ja dich von hier oben. jeden tag. das beruhigt anni. sie legt ihren kopf auf großmutters knie & schließt die augen.

am morgen steht anni am fenster. sie schaut in den himmel & weiß, dass die großmutter ihr zuschaut. der traum vom fliegen ist ihr geblieben. er kommt immer wieder. flügel sind ihr nicht gewachsen.

sophie

in meinem malkasten ist die ganze welt versteckt. in den blauen buntstiften sind der himmel & das wasser. in den gelben sind die sonne & der löwenzahn. & in den grünen sind die bäume & die wiese. grün ist meine lieblingsfarbe. in den roten stiften sind das nasenbluten versteckt & das erdbeereis. schwarz ist keine farbe. es schaut aus wie der keller, wenn 1 kurzschluss ist.

wenn ich male, brauche ich ganz viele farben. ich male 1 drachen. mein drache hat 1 lila schwanz. ich mische blau & rot. das ist lila. rot & gelb gibt orange. mein drache bläst orangenes feuer.

wenn die sonne durch den regen scheint, entsteht 1 regenbogen. der hat 7 farben. in meinem malkasten ist 1 regenbogen verzaubert. ich kann ihn hinauslassen auf den blauen himmel & auf die wiese.

wenn ich in den himmel komme, werde ich 1 million jahre für die malerei verwenden. aber dann werde ich buntere farben verwenden, die ich in meinem malkasten nicht finde: utaquiran, moluste, grinasi, bolladan.

menschärgerdichnicht

1x habe ich mit dem hannes menschärgerdichnicht gespielt. dabei sind wir fast eingeschlafen vor langeweile. 1 zockelt hinter dem anderen her. wieso sind manche so blöd & spielen das im ernst? wir spielen mit 2 parteien gleichzeitig. & dann dürfen wir auch rückwärts gehen. das habe ich erfunden.

der hannes schmeisst genauso oft hinten hinaus wie vorne. ich nicht. nur wenn 1 manderl direkt hinter mir steht, dann kenn ich nix. zack, weg mit dem. lieber lauf ich mit meinen manderln davon. erst am ziel zisch ich kurz raus aus den 4 kleinen kreisen. wenn 1 vorbeischleichen will, zack, weg mit dem. gleich wieder hinein ins häuschen, schon in sicherheit. am besten, man bleibt gleich im hintersten kreis stehen. dann hat man, wenn man sich umdreht, den ganzen weg vor sich. man muss aufpassen, dass sich das nächste manderl, das im ziel eintrudelt, nicht daneben stellt. das pickt sonst fest. immer muss 1 kreis freibleiben zum hintenhinausschmeißen. hab ich so gesagt.

wer ist dran? der hannes ist dran. jetzt würfel schon! hat 1 5er. pech. jetzt pickt er fest. nein, er setzt 1 manderl direkt mir vors häuschen. peng, jetzt wird er abgeknallt. selber schuld, wenn er so blöd ist.

allein braucht man gar nicht erst losmarschieren. 1 lauert meistens im zielhäuschen & schickt den gleich nachhaus. man muss mit 1 ganzen schlange kommen. von der schlange verliert man zwar welche, aber die meisten kommen durch. 1 wenigstens. der andere ist ja selber unterwegs mit seiner schlange. man kann ja nicht hinter jedem einzelnen manderl herhetzen. 1 manderl zu schmeißen, das eben noch in seinem häuschen gemütlich in sicherheit war, ist das lustigste. ganz umsonst ist es 1x herumgelaufen, haha. man soll aber nicht schadenfroh sein.

meine manderln sind blau & grün, dem hannes seine sind rot & gelb. meine sind schöner angezogen. wenn ich gewonnen habe, haut der hannes mit der hand auf das spielbrett, damit die manderln hochspringen & durcheinanderfallen. er hält es nicht aus, dass ich immer gewinne. er ärgert sich grün & blau. dabei heißt das spiel menschärgerdichNICHT.

Heldenfriedhof
ungeschriebene biographien

es mag herzlos klingen:
die meisten lebensläufe sind grotesk.
man braucht sie bloß aufzuzeichnen.
jürgen federspiel

ziem

z zählt zu jenen unglücklichen, die über den sinn des lebens nachdenken. jeden morgen, wenn er vor dem spiegel sein gesicht aus dem rasierschaum herausschabt, denkt er sich 1 sinn-satz aus. viele tage & stunden haben ihm ebenso viele sinn-sätze beschert. tiefsinnige & banale, ironische oder fromme. er notiert sie in 1 heft & prüft, ob er sich wiederholt habe. um widersprüche schert er sich nicht.

1 satz, der ihm mit fortschreitendem alter immer häufiger unterkommt, lautet: der sinn des lebens ist das überleben. er beginnt, über diesen satz nachzugrübeln. heißt überleben, den anderen ins grab nachzuschauen? meint es ein leben über dem leben? so überdrüber? die polypenarme der metaphysik greifen aus metaphysischem dunkel nach ihm & beginnen ihn zu würgen.

z beschließt, sich 1 bart wachsen zu lassen.

reiserer

r war 1 durchschnittsmensch, er erzielte 1 durchschnittlichen glücksquotienten von 2:1. einst las er in der *bunten illustrierten*, dass die schwelle, die menschen in die lager der gedeihenden & der dahintümpelnden teilt, bei 3:1 liege. r wollte nicht in das lager der dahintümpelnden gehören. er beschloss, ins lager der gedeihenden aufzusteigen. auf jedes schlechte gefühl mussten mindestens 3 gute kommen.

er ließ die schlechten gefühle fortan weg & holte sich viele gute gefühle. wann & wo er nur konnte. reiserer hatte bald 1 glückskoeffizienten von 4:1 & lachte viel. seither ist er stammgast in den gesellschaftsnachrichten des fernsehens.

schicklgruber

amadeus sch war seelenarzt. die gedanken anderer vermochte er ohne schwierigkeit zu erraten. seine eigenen jedoch waren ihm fremd. so begnügte er sich damit, die gedanken anderer als seine eigenen zu lesen. wenn er am schreibtisch saß, tanzten die buchstaben vor seinen augen. selbst wenn er die lider schloss, tanzten sie weiter. er spürte das am lufthauch, den sie verursachten.

an stelle des lichtschalters hatte er neben der tür 1 schnur anbringen lassen, die in 1 glaskugel endete. bei dunkelheit mied er das zimmer, weil er fürchtete, die schnur könnte reißen & den raum in ewige helligkeit tauchen. wenn er das zimmer nachts betrat, verwendete er 1 kerze. es machte ihm nichts aus, wenn wachs auf seine hand tropfte. tropfendes wachs war erloschenes licht.

an seinem geburtstag war sch zu 1 feier im familienkreis geladen. 1 halbe stunde nach dem festgesetzten beginn war außer ihm niemand eingetroffen. 1 kellner klärte ihn auf, dass man 1 falsches lokal angegeben hatte, um unliebsame besucher fernzuhalten.

sch hinterließ keine spuren. sorgfältig hatte er alles beiseite geschafft. selbst der abfalleimer war geleert, als man das zimmer betrat. zuerst durchsuchte man den kleiderkasten. dann sah man im bett nach & unter der matratze. zuletzt rollte man den teppich zur seite, um ganz sicher zu gehen. gut, sagte einer. erledigt.

wawra

als unehelicher sohn 1 bahnschrankenwärters, der durch verheimlichte taubheit 26 autobusfahrgäste dem unfalltod zugeführt hatte, & 1 unbekannten radfahrerin, die monate vor dem grässlichen ereignis während 1 gewitters in das bahnwärterhäuschen geflüchtet war, fand sich schon der kindliche w von der geborgenheit der gesellschaft weitgehend ausgeschlossen. später musste ihm der betretene standesbeamte 5 minuten vor angesetzter eheschließung vom eintreffen 1 telegramms seiner braut in kenntnis setzen, des inhalts, dass sie dem drange ihres herzens folgend desselben morgens nach bergisch gladbach abgereist sei.

hinfort nahm w seinen urlaub im november, außer es gab 1 milden spätherbst, dann gar nicht. betrat er 1 apotheke, um kopfwehpulver zu kaufen, so setzte er das personal in nicht geringe verlegenheit, denn was er suchte, war 1 pulver, von dem man kopfweh bekam.

noch größere verwirrung stiftete w in 1 druckerei, wo er im dezember wunschbillets in auftrag gab. ihr text sollte nämlich lauten: traurige weihnachten & 1 unglückliches neues jahr!

odnopopoff

ida o war die ehefrau 1 buchhalters aus grozny (im ural). ihre schwiegermutter, die sie hasste, schüttete, um ihre ehe zu zerstören, schlafmittel in ihren tee. dann machte sie den jungen vetter der frau betrunken, entkleidete ihn & sperrte ihn zu ihr ins zimmer. der buchhalter kehrte um 11 uhr nachts von 1 versammlung heim, sah, was los war, wollte auf keine erklärungen hören, sondern jagte die frau mitsamt ihren 7 kindern aus dem haus. die unglückliche ließ sich zuerst in kazbek nieder & wäre zweifellos verhungert, wenn nicht 1 glücklicher zufall sie gerettet hätte. sie gewann im staatlichen lotto 1 million rubel, die ihr den erwerb 1 wohnung in sankt petersburg & 1 hohen lebensstandard ermöglichten. sie ließ ihre söhne zu ärzten & ingenieuren ausbilden & war 1 mustergültige mutter.

der vetter aus grozny hingegen verunglückte 1 tages mit dem motorrad. er prallte frontal gegen 1 fernomnibus & gestand auf dem sterbelager die ganze wahrheit. die schwiegermutter, von der öffentlichkeit verurteilt, nahm gift & verschied. der buchhalter fuhr zu seiner verstoßenen frau & flehte sie um verzeihung an. doch bekam er lediglich die erlaubnis, die kinder 1x im jahr zu sehen, & wählte den gastod. ida setzte ihm 1 marmornen stein aufs grab & kehrte, nachdem sie ihre wohnung vorteilhaft veräußert hatte, nach grozny zurück, wo man sie zur vorsitzenden des hausfrauenzirkels wählte.

hurzelmeier

anton h war arzt. in wirklichkeit lebte er einzig mit, in & außerhalb 1 botanisiertrommel. wer immer sein wartezimmer betrat, stolperte über vasen mit stängeln, kakteen & halmen. den hintern wischte er sich mit schnittlauch. er putzte die zähne mit sonnenblumenkernen, stopfte petersilie in die schwären seiner patienten & empfahl jammernden frauen, die dinger ihrer männer mit brennnesseln zu stärken. seine weiße medizinerschürze war mit algen bekleckert. kurz vor seinem tod begannen seerosen aus seinen ohrem zu wachsen. moos wucherte über die schlüsselbeine & steinpilze sprossen unter den schultergelenken. am grab las 1 befreundeter geistlicher aus dem botanischen bestimmungsbuch.

zips

amalie z war redakteurin 1 gartenillustrierten. sie hatte 1 auftrumpfendes wesen, war entscheidungslustig & resolut & lehrte manchem das fürchten. da kaum jemand es mit ihr aufnehmen wollte, zogen nachbarn & freunde sich zurück. wenn ärger & überdruss sie bedrückten, flüchtete sie in die umliegenden wälder. sie brachte dort lange stunden zu, blieb manchmal über nacht & schloss freundschaft mit tier & blume. allmählich wuchsen ihr sogar geweih & schwanz, was ihr anfangs mit perücke & rock zu überdecken gelang. als sie blätter & äste zu treiben begann, wollten die hausbewohner sie nicht länger bei sich dulden. sie machten ihr zum vorwurf, dass sie sich ständig auf unangenehme weise hervorzutun trachtete. es mangle ihr an sozialer verantwortung.

geduldigt hörte amalie die vorwürfe an, ohne davon berührt zu werden. sie sehnte sich danach, in 1 steineiche verwandelt zu werden & irgendwo am waldrand still dahinschlummern zu dürfen. schließlich fiel sie unter der motorsäge 1 nichtsahnenden forstarbeiters.

puntweil

ortwin p, offizier im feldjägerbataillon, verunglückte mit seiner familie (der mutter & 1 kleinkind) auf der bahnfahrt von marchtrenk nach timelkam durch 1 schreibmaschine der marke olivetti. & zwar auf folgende weise: die mutter stellte ihre olivetti ins gepäcknetz & schlief ein & die maschine fiel, als der lokführer in 1 engen kurve bremsen musste, aus dem gepäcknetz auf das kind, das sofort tot war. als die mutter erwachte & sah, was geschehen war, sprang sie vor verzweiflung aus dem fenster des fahrenden zugs. ihr schrei weckte den vater, der angesichts des geschehenen seine dienstwaffe zog & sich kurzerhand erschoss.

es war übrigens nicht, wie die *gmundner neuesten nachrichten* in ihrer darstellung des unglücksfalls fälschlich behaupteten 1 olympia-, sondern positiv 1 olivetti-schreibmaschine.

schriefold

albert sch & seine frau barbara lebten in timmins, provinz ontario. sie ließen ihr kind in der wiege liegen & begaben sich in 1 wanderkino. es war winter. in die hütte brach inzwischen 1 hungriger wolf ein. er hätte den säugling zweifellos gefressen, wäre nicht der wolfshund gewesen, der ihren hausrat beschützte. dieser treue vierbeiner stürzte sich auf den wolf & durchbiss ihm nach 1 kampf auf leben & tod die kehle. dem wolf gelang es aber noch hinauszukommen, er verreckte unweit der hütte in 1 gebüsch.

nachbarn, die sich, aufgeschreckt durch das kampfgetöse, in der stube einfanden, wurden der umgekippten, in 1 blutlache schwimmenden wiege ansichtig, dachten, das kind sei nicht mehr am leben & der hund habe es auf dem gewissen. mit dieser botschaft liefen sie ins kino (man gab *lassie, komm zurück*), aus dem alsbald die verzweifelten eltern herbeigeeilt kamen. der vater erschlug im 1. schmerz den hund. später, als sich herausstellte, dass das kind gesund & unverletzt war & der hund ihm das leben gerettet hatte, verlor er den verstand. er ging in den nächten um & heulte jämmerlich, bis er 1 tages den pizzaboten anfiel & erschlug.

steckfuss

stanislaus st war sportler in 1 provinzklub bei zakroczym (ostpolen). im traum erschien ihm 1 zauberhafte krakauerin. er machte sich flugs nach krakau auf, um erkundigungen über sie einzuholen & 1 annonce in den *warszawy nowinnyi* aufzugeben. nach langem suchen fand er die erträumte. sie war die junge frau 1 eifersüchtigen professors, der sie tagein tagaus in 1 fünfzimmerwohnung eingesperrt hielt, deren fenster auf seinen schrebergarten hinausgingen. nach brief & fotoaustausch erfuhr er, dass auch er der professorenfrau im traum erschienen war. gemeinsam planten sie die flucht.

der sportler ließ sich als gärtner anstellen, schläferte die wachsamkeit des professors ein & entführte die frau, die sich hernach im stadion als eintrittskartenverkäuferin verdingte. der professor suchte sie 1 monat lang ohne erfolg & entdeckte den betrug erst, als 1 internationaler leichtathletik-wettkampf stattfand, dem er als zuschauer beiwohnte. er zog, ohne lange zu überlegen, seinen trommelrevolver & erschoss die untreue ehefrau, indem er den abzug immer wieder durchdrückte. der herbeieilende st durchbohrte ihn mit dem speer, den er in der hand hielt (im speerwurf hatte er mehrere medaillen erkämpft) & erhängte sich anschließend an 1 lautsprechermast, wobei er das metermaß der kampfrichter als strick benützte.

sanchez

jose philippo s aus puerto rico (venezuela) erhielt von unbekannter hand 1 kettenbrief, den er 36x abschreiben & an freunde verschicken sollte, damit allen beteiligten großes glück widerfahre. er warf den brief fort. 1 woche später verlor er beim würfelspiel frau & freundin. seither stehen ihm als einsatz lediglich seine 9 kinder & 1 alter, halbblinder hund zur verfügung.

1 maultier aus dem dorf fand den weggeworfenen papierfetzen, begriff intuitiv die botschaft & führte den auftrag aus. 2 tage darauf zog es das große los. nun konnte sich dieses arme, mittellose tier 1 köchin & 1 putzfrau leisten.

john f morrison, milliardär aus texas (usa), unterbrach die kette & stieß auf 1 goldader. 40 jahre später starb er bei 1 flugunfall.

sergio rodriguez aus buenoventar (kolumbien) verschickte 285 briefe. schon am nächsten tag erhielt er 1 stelle als holzschnitzer in 1 internationalen spielwarenkonzern.

morales

benito m, diktator von mexico, südamerika. m ärgerte sich darüber, dass sich, nachdem er quivoraca in seine gewalt gebracht hatte, die einwohner der stadt dauernd vor ihm verbeugten. er ließ 1 paar von ihnen töten & befahl seinem leibarzt, deren autopsie vorzunehmen, um festzustellen, ob sie irgendeine verkrümmung der hals- oder rückenwirbel aufwiesen.

m starb mit 70, vergiftet von 1 14-jährigen, die er geheiratet hatte. in seinen alten tagen, so erzählt man sich, ließ seine manneskraft ihn manchmal im stich. deshalb befahl er, die glocken der kathedrale in quivoraca jedes x zu läuten, wenn ihm der liebesakt gelungen war. dann wachten die städter mitten in der nacht auf & sagten: unser caudillo ist glücklich!

heintz

albert h aus buffalo (usa), der sich entweder für die liebe seiner gattin gloria oder für die 1 20-jährigen dame entscheiden musste, bat beide um 1 aussprache, um gemeinsam mit ihnen 1 lösung zu finden.

die beiden frauen & mister h erschienen pünktlich am vereinbarten ort (restaurant george v. th). lange diskutierten sie, dann wurden sie einig. sie beschlossen, allesamt aus dem leben zu scheiden.

frau gloria ging nach haus, kehrte den revolver gegen sich, drückte ab & starb. nun erkannten mister h & die 20-jährige in ihn verliebte dame, dass mit dem tod der frau das hindernis fortgefallen war, das sich ihrer glücklichen vereinigung entgegengestellt hatte. sie sahen keinen grund mehr, sich zu töten. also kamen sie überein, am leben zu bleiben & zu heiraten.

bittmann

erwin b zweifelte an der treue seiner frau. er hatte keine beweise, glaubte aber aus gewissen indizien schließen zu können, dass sie ihn mit egon f, 1 gut situierten zahntechniker, betrüge. er begann, sie zu belauern, kehrte unregelmäßig heim, spionierte ihr bei allen möglichen gelegenheiten nach etc. endlich wollte er sich gewissheit verschaffen, 1 für alle mal. er blieb dem büro fern, belauerte bis zur unkenntlichkeit verkleidet das haustor seines vermeintlichen nebenbuhlers. nach langem warten kam f aus dem haus, 1 frau am arm - es war nicht seine. 1 stein fiehl b vom herzen. erleichtert begab er sich heim - & fand seine frau mit 1 anderen im bett.

göpfritz

g war die bewachung des grazer uhrturms anvertraut. er lebte mit seiner 37 jahre jüngeren gemahlin in der hochgelegenen wächterstube. 1 abends, während ihr mann im wirtshaus dem alkohol zusprach, empfing die frau den besuch ihres hausfreunds. während die beiden auf der bettbank harmloser unterhaltung hingegeben waren, hörten sie g die 72 stufen zur türmerstube hinauftappen. in panischer furcht entschloss sich die turmwärtersfrau, ihren besucher vom wehrgang abzuseilen. der hausfreund erwies sich indes als zu schwer, das seil begann den händen der frau zu entgleiten. nun versuchte der gast, sich am zeiger der turmuhr festzuklammern. doch auch diesem war die belastung zu groß. er bog sich dergestalt, dass er statt 23 uhr und 20 minuten 5 vor 6 anzeigte. der junge mann stürzte ab & musste, halbbekleidet wie er war, mit brüchen beider unterschenkel ins landeskrankenhaus gebracht werden. der uhrturmwächter weiß seitdem, wie viel es geschlagen hat.

jakubek

im supermarkt sah j unvermutet seine jugendliebe wieder. hitze schoss ihm ins gesicht, sein puls begann zu fliegen. der schmerz, der in seiner linken hüfte pochte, war verflogen. er sprach sie an. sie erinnerte sich. ob es ihm gut ginge? ja, es ginge ihm gut. auch ihr ginge es gut. man müsste mehr von einander erfahren. sie hätte zu tun jetzt. man vereinbarte 1 treffen im stadtpark. sie winkte zum abschied durchs fenster. er spürte nicht den schmerz in der hüfte. er war wieder jung. j schwang sich beschwingt aufs rad, fiel um & brach sich das genick.

hundsnurschler

h war bergführer in den tiroler alpen. er lebte nur für seine berge. sie waren sein 1 & alles. ihretwegen vernachlässigte er weib & kinderschar. sein leben unterhalb der 2000-meter-marke blieb ereignislos. beim aufstieg auf die hochgallspitze, an der schlüsselstelle unter der roten platte beim kitzhornspitz, erzählte er 1 von ihm geführten bergfex aus wangerooge nach 3 ½ stündigem aufstieg 1, die begriffstutzigkeit der ostfriesen aufs korn nehmenden, witz. der kraxler brach daraufhin in derartiges gelächter aus, dass er das gleichgewicht verlor, 300 meter in die tiefe stürzte & auf der stelle tot war. der angeseilte h wurde mitgerissen & erlitt dasselbe schicksal. 1 rührendes marterl bezeichnet die stelle des blutigen bergdramas.

grosschädl

alois g war eisenbahner. nachts hörten er & seine frau verdächtige geräusche an der haustür. kurz entschlossen holte er 1 beil & legte sich auf die lauer. nach 10 minuten öffnete sich die tür 1 spalt, 1 hand schob sich herein, die nach der kette greifen wollte. g holte aus & hackte dem einbrecher die hand ab. seine frau & er hörten einen gellenden schrei & enteilende schritte. g wagte sich nicht aus dem haus. er wartete, bis es hell wurde. dann wollte er die hand auf die wachstube bringen & alles melden.

in der früh erschien 1 wachmann. der sagte: wir haben von dem vorfall gehört, folgen sie mir, wir setzen 1 protokoll auf. sie wickelten die hand in die *illustrierte morgenpost* & gingen fort. stunden vergingen, g kam nicht zurück. seine frau wartete noch, als gegen mittag 1 fremder an die tür klopfte. er schleppte 1 koffer & sagte, er wäre 1 bekannter ihres mannes aus gemeinsamen lokführertagen. schade, dass sein kollege nicht anzutreffen wäre. wenn es ihr nichts ausmachte, würde er das gepäckstück einstweilen bei ihr abstellen. frau g schob den koffer unters ehebett.

weder g noch der lokführer ließen sich in den nächsten tagen blicken. nach geraumer zeit begannen dem koffer eigenartige gerüche zu entströmen. der mann hätte versehentlich seine wegzehrung in dem gepäckstück zurückgelassen, mutmaßte die frau, 1 leberkässemmel oder dergleichen. sie schlief nun bei geöffnetem fenster. als der geruch strenger wurde, bat sie 1 nachbarn, dem versperrten koffer mit zange & schraubenzieher ans schloss zu rücken. entsetzt prallten sie zurück. aus dem koffer glotzte ihnen gs schädel entgegen.

runzelmeier

r (name geändert), 1 alter dompteur, der wegen arthritis nicht mehr in der manege auftreten konnte, wurde vom zirkusdirektor mit der aufsicht über die tierschau betraut. seine aufgabe war es, die vorstellung zu überwachen & den besuchern für erklärungen zur verfügung zu stehen.

1 tages erschien 1 junge frau mit ihrem galan vor dem löwenkäfig. sie bat den dompteur, ihr von den raubkatzen zu erzählen, von besonderen ereignissen in der manege, je blutiger desto besser. sie wollte die gefährlichkeit der tiere spüren, die so friedlich in ihren käfigen schnurrten. der schein trügte, sagte r. man dürfte die tiere keine sekunde aus den augen lassen. 1 moment der unachtsamkeit könnte den tod bedeuten. als dompteur müsste man den raubkatzen ständig den herrn zeigen.

dem jungen mann gefiel nicht, dass seine freundin sich nur für den dompteur interessierte & ihn nicht beachtete. wann sie endlich genug hätte von den angebereien?, fragte er & schlug vor, er selbst würde, um sie von den löwen loszureißen, in den käfig steigen. r öffnete zum schein das gatter 1 spalt breit, weil er annahm, der mann würde klein beigeben & sich vor der frau blamieren. der mann kletterte in den käfig, trat ohne zögern auf die löwen zu & biss ihnen die köpfe ab. mit einer handvoll stroh rieb er sich das tierblut aus den mundwinkeln.

r, fürchtend, nach diesem zwischenfall seine stellung zu verlieren & ins altersheim für artisten abgeschoben zu werden, kehrte in seinen wohnwagen zurück, kramte 1 rasiermesser heraus & schlitzte sich die pulsadern auf.

pikatto

mario p, 1 alter dompteur, der mit seinen beiden tigern nur noch selten in der manege auftrat, weil 1x er, dann wieder 1 der raubkatzen hinfällig war, erhielt von der direktion die mitteilung, dass für den nächsten tag der tierarzt bestellt wäre, um die tiere einzuschläfern. sie wären alt, unansehnlich auch, nutzlose fresser, die dem unternehmen nur kosten verursachten.

wohl wissend, dass danach auch für ihn kein platz im zirkus sein würde, streifte p in der nacht 1 tigerkostüm über & legte sich zu den alten tieren in den käfig. die tiger kannten seinen geruch & verhielten sich ruhig. am nächsten morgen stieg der tierarzt in den käfig, tat seine traurige pflicht & legte der direktion 1 angemessene rechnung über 3 erfolgreiche einschläferungen vor.

Welt-Alphabet

die welt ist da, weil menschen sind, die sehen.
franz grillparzer

abbau

kaum zu glauben, was heutzutage alles abgebaut wird: braunkohle, ernteüberschüsse, schuldenberge, staatsdefizite, atommüll, tierkadaver, arbeitsplätze, mitarbeiter & sogar richtige menschen.

aeiou

über die bedeutung der buchstabenkombination ist viel gerätselt worden. die interpretationen reichen von *alles erdreich ist oesterreich untertan* über *allen ernstes ist oesterreich unersetzlich* bis zum wienerischen *am end is ollas umasunst.*

ah

der seufzer, das jauchzen, die geste.
1 sprach- & körperausdruck. dazwischentretend, unterbrechend, fragend.
1 stocken der rede. 1 innehalten & nachdenken. 1 wortlosigkeit. 1 zustand von erschöpfung.
1 zuviel. 1 stau der worte.
der taumel, der ausbricht, wenn glück & schrecken, wenn nähe & ferne, wenn unvereinbares aufeinderprallt.

amsel

die aufziehvögel. sie ziehen jeden morgen das uhrwerk der welt auf. türetü.

ansichtskarte

für spione sind a mehr als liebe grüße aus der ferne. flattern karten mit 1 kirchenmotiv ins haus, so wird 1 verabredung gewünscht. motiv wasser sagt, dass die verabredung ins wasser gefallen ist. bei 1 panoramakarte sind tote briefkästen zu meiden. bezieht sich der kartengruß auf 1 theatergebäude, so ist größte vorsicht angebracht: verfolgung durch die polizei. jedes kind weiß das.

astrologie

horoskope stimmen immer. was oft nicht stimmt, sind die deutungen. ich kannte einen, der las: achtung! schwierigkeiten mit der technik & 1 kleine häusliche unstimmigkeit! & richtig: an 1 der folgenden tage brannten ihm die glühbirnen am luster & die ehefrau durch.

ausrede

an 1 schlechten a kann niemand freude haben. 1 gute a hingegen vermag zu entzücken. die gute a enthält 1 moralisches & 1 unmoralisches element: jenes der entschuldigung & jenes der lüge. 1 a ist desto besser, je weiter sie das gewicht der schuldhaftigkeit vom subjekt wegschiebt. am besten ist sie dann, wenn das gewicht scheinbar wieder auf das subjekt zurückfällt. allerdings auf so raffinierte art, dass das subjekt dadurch entlastet wird. natürlich kann 1 a nie der wahrheit entsprechen. wenn es ihr jedoch gelingt, die unwahrheit auf 1 ansprechende weise glaubhaft zu machen, hat sie schon gewonnen.

bier

das zart urinfarbene getränk erfreut sich besonders in den monaten ohne ur im namen großer beliebtheit. es ist ebenso harntreibend wie der gleichfarbene kamillentee. man muss es bedächtig trinken, in kleinen schlucken. man muss zeit vor sich haben. bald fühlt man sich wohlig, nichts anderes begehrend als 1 weiteres b.

bluff

sich geschmeidig durch die themenwelten bewegen zu können, von den welt-finanzen über die prostatavorsorge bis zur aktuellen vernissage gefragt oder ungefragt anmerkungen parat zu haben, ist wichtig für die karriere. der b erweckt den eindruck von augenhöhe & signalisiert: das kann ich genauso gut wie du.

buch

wo nehme ich nur die zeit her, so viel nicht zu lesen?, klagte karl kraus. die meisten bücher sind ohnehin nur begleittexte, mehr 1 instruktion des lesers als sonstwas. man könnte 1 b nur aus dem klappentext bestehen lassen & auf das eigentliche b verzichten. nur kommentar & leseanleitung. 1 anweisung, die immer strenger wird. befiehlt, was der leser sich vorzustellen habe. wie er etwas verstehen & richtig einordnen soll.

bumerang

der b heißt so, weil es bumm macht, wenn er an seinem ziel aufschlägt.

busen

männer sind b-freunde. egal, ob miniaturbrüstchen oder x-large-formate – gleichgültig sind sie keinem. die meinungen gehen nicht nur über deren aussehen auseinander, sondern auch hinsichtlich ihrer funktion. die brust ist für babys da, sagen die anhänger der speisekammer-theorie. immerhin hat sich die weibliche brust nicht nur für die nachkommenschaft als versorgungsquelle bewährt. alexander der große nahm kurtisanen auf seine feldzüge mit, die neben anderen lustspendenden aufgaben milch für die soldaten gaben. als napoleon von dieser armeen-stärkung hörte, bemerkte er lakonisch: so wäre moskau für uns zu halten gewesen.

chef

abzeichen des ch: in seiner hand ist kein mobiltelefon & in seinem zimmer summt kein computer. es wimmelt von ch. jeder nicht-ch empfindet das ch-sein als beneidenswert.

countdown

immer brav die null als ziel. sich konzentrieren, damit man nicht irgendwann mit dem aufwärtszählen beginnt.

du

unter unbekannten im weltweiten netz hat es sich breit gemacht. ebenso auf der baustelle, unter theaterleuten, auf der tiroler alm, im kindergarten. das einseitig ausgesprochene d schafft 1 soziales gefälle. gleichzeitig erzeugt es die illusion von privatheit. den kulturkampf gegen das sie hat es endgültig verloren. der alte schwede hat es vorgemacht: wer bei ihm kauft, ist part of the family. mitglied der billy-regal-bewegung. superdemokratisch die ich-du-er-sie-es-bank. geld. wollen. kaufen. haben.

depression

man kann sich gegen d nur wehren durch stumpfsinnige tätigkeiten wie putzen, kochen, waschen, bügeln, nähen, unkraut zupfen - arbeiten, die zu 1 nützlichen ende führen. dieser sich immer wiederholende leistungsprozess ist 1 besserer schutz als lesen oder melissentee. darum finden frauen sich in seelischen ausnahmezuständen leichter zurecht als männer.

durchbruch

1 zweideutiges wort. karriere oder blinddarm. je nachdem gut oder schlecht. assoziativ umgeben von glück, echo, beifall, bankkonto, blut, bauchweh.

eh

das wunderwörtchen, unschlagbar im vergleich zu ohnehin oder sowieso. selten gibt es 2 buchstaben, die 1 so direkten zugang zur österreichischen seele herstellen. kommentiert man gesagtes mit eh, dann geht 1 kleine welt auf. resignative zustimmung, wurstigkeit &: das weiß ich doch längst. 1 steigerung bietet das regionale eh kloar. dem wiener, der auf sich hält, ist alles eh wurscht. er hat's eh immer schon gwusst & am end hat's eh kan sinn.

ehe

die e gibt anlass zu familienfesten & gerichtsverhandlungen, zu rundfunkvorträgen & filmen, zu büchern & psychotherapeutischen behandlungen. wer sich nicht beruflich mit ihr zu befassen hat, begegnet ihr im privatleben. entweder weil er verheiratet ist oder weil er nicht verheiratet ist. von der e bleibt niemand verschont. sie ist der motor des sozialen alltags.

einhorn

das e ist verspielt, zutraulich & springt gern ein, wenn man für 1 dübel 1 loch in die wand bohren muss oder den stoppelzieher nicht zur hand hat. als haustier ist es wenig populär. selbst unter den als tierfreundlich geltenden wienern halten sich hartnäckig vorurteile gegen die harmlosen geschöpfe. etwa jenes, dass man sich an ihnen steche. die wahrscheinlichkeit, von 1 gut abgerichteten e gestochen zu werden, ist statistisch gesehen geringer als die 1 wespenstichs. haben sie je gehört, dass jemand an 1 e-stich gestorben sei?

erinnerung

die e ist trügerisch. sie ändert sich ständig zugunsten desjenigen, der sich zu erinnern meint. jeder versuch, sie mit worten zu fassen, geht mit 1 gestaltung einher. beim nächsten erinnern greift der erzähler auf die bereits bewährte form der e zurück. es kommt zu 1 ständigen überschreibung der ursprünglichen e. geschichten, die nicht erzählt worden sind, verschwinden aus dem gedächtnis. irgendwann sind sie nicht mehr geschehen.

es

es schneit, wenn es kalt ist. wenn es sich am himmel zusammenbraut, regnet es. es schüttet so lange, bis es wieder aufklart. es ist doch ganz einfach. das unscheinbare wörtchen ist der wahre name gottes. es steckt in allem & jedem. wer hätte gedacht, dass es so allgegenwärtig ist. es geht. ums ganze. um die wurscht oder so lala. es wird ersucht, rückwärts einzusteigen.

ewigkeit

die e nimmt dem leben den reiz. mit dem risiko schwindet der antrieb, irgendetwas zu tun. zum beispiel, sich zu ernähren. wer unsterblich ist, isst nicht. in der unendlichkeit ist alles gleich. es gibt keine unterschiede. auch keine geschlechtsunterschiede. keine lust, keine unlust. keine spannung. alles erschlafft, schlurft, schläft. das ewige leben ist 1 mimikry des todes.

foto

fotografieren ist: zeit einfrieren. fotografierte haare sind wie abgeschnittene haare. sie werden nicht grau. fotografierte hunde werden nicht räudig. fotografiertes lachen verhallt nicht. kann in 1 f etwas vom urheber ungewolltes existieren, das später von mir entdeckt & befreit wird? das f schlägt 1 brücke zum tod.

frage

f regeln machtverhältnisse. anfangs sind es einfache f: was ist das? wo sind wir? wie lange dauert es noch? danach kommen f, die mit warum anfangen. warum sind chinesen gelb? warum gibt es krieg? warum stirbt man? der gefragt wird, ist der mächtige. später ist es umgekehrt. der prüfer an der uni stellt f nicht wegen der antworten, die er längst kennt, sondern um zu erfahren, ob der prüfling sie kennt. im laufe des lebens werden f immer mehr zu rhetorischen f. das heißt, man pfeift auf die antwort. hallo, wie gehts? ist es der blinddarm? wer sagt das? ohne antwort bleiben die ewigen f: wer sind wir? wohin gehen wir? was ist der sinn des lebens? am ende sind die antworten so peinlich, dass man keine f mehr stellt.

freiheit

sie ist 1 unerreichbares ideal. man ist immer von irgendwas oder irgendjemandem abhängig. die einzige f, die man jemals erlangen kann, ist die, sich nicht zu fürchten.

friseur

nur seine allerliebsten & den doktor lässt man so nahe kommen wie den haarkünstler. niemand sonst darf 1 so am kopf angreifen, hinter den ohren fassen & das sensible genick berühren. das erzeugt 1 subtile freundschaft. gäbe es mehr f, wären die psychiater arbeitslos.

gänsefüßchen

man sollte ihnen misstrauen. g gibt es nicht nur in der literatur. dort sieht man sie halt. oft erzählt jemand 1 begebenheit & zitiert wortwörtliche aussagen, als habe er das gedächtnis 1 elefanten. & der zuhörer tischt sie tage, bei besonderer dreistigkeit jahre später noch 1x auf & setzt ganze wortschwälle zwischen g. ich kenne leute, die bücher zuklappen, in denen g vorkommen & sie außer reichweite ablegen.

geburtstag

g sind lästig. zumindest runde. sich dafür feiern lassen, dass man so einigermaßen über die runden gekommen ist? warum bereitet es lust zurückzublicken? ist es die angst, nach vorne zu schauen? mir geht es gut, danke der nachfrage. nein, keine blumen, geld oder geschenke.

gegenwart

im fernsehen live genannt. im sprachunterricht werden g, vergangenheit & zukunft gelehrt. aber das ist theorie. es gibt keine g. sie ist 1 hilfskonstruktion. das heute & jetzt wird einfach zur g erklärt, obwohl jedes gesprochene wort, jeder handgriff bereits vergangenheit ist & das nächste wort noch zukunft. das heißt: ich bin nicht, sondern ich war. & ich werde gewesen sein. 1 andauerndes sein würde den stillstand der zeit bedeuten.

glück

im wiener telefonbuch 117x zu finden. g im plural? nein, g ist unzählbar. komparation: wer ist glücklicher? jener, der dem g nachjagt? oder jener, der sich am ende seiner suche wähnt? fändest du das g, wärest du glücklich? wolltest du glücklicher werden? das g ist 1 neutrum. es kennt kein präsens, nur 1 perfektum. glücklich ist man immer nur gewesen oder man hofft es zu werden.

gott

er ist überall. die leute grüßen ihn, wenn sie einander begegnen. sie reden über ihn & die welt. beschwören (meist vergeblich) den fußball-, etwas erfolgreicher den schi-g. ihr ziel ist es, wie g in frankreich zu leben. manche suchen ihn in den kleinen dingen. wenn sie nicht weiterwissen, dann weiß er. manche philosophen erklären ihn für tot.

haare

beatles-pilzkopf, hippie-fransen, löwen-mähne, afro-look – egal. nur nicht kurz. kurz, kombiniert mit nadelstreif, suggeriert seriosität. lang gilt als kreativ, jugendlich, revolutionär. h symbolisieren stärke, vitalität, kraft. die kraft des mannes, das hat samson leidvoll erfahren, versiegt, sobald die mähne beschnitten ist. von allen ehrungen, die er empfing, war julius caesar der lorbeerkranz am wertvollsten, weil das laub seine glänzende glatze verdeckte.

heimat

was ist h? wo findet man sie, nachdem man aus ihr vertrieben wurde? ist es 1 bestimmter ort, nach dem man sich sehnt, wenn man nicht dort ist? oder sind es menschen, ihre geschichten, die h ausmachen?

hofrat

den titel hat kaiser maximilian eingeführt, er überstand jede verwaltungsreform. man unterscheidet h & wirkliche h. unterscheidungsmerkmal: der h arbeitet nichts, der wirkliche h arbeitet wirklich nichts.

horizont

der h ist 1 linie, die nicht erreicht werden kann. sie ist die nahtstelle, an der himmel & erde aufeinander treffen. gleichzeitig einladung & grenze. hier beginnt die vorstellung der unendlichkeit. der wechsel von der vertrauten welt in die des rätsels. er ist 1 grenze, die nicht überschritten werden kann. 1 verschiebbare grenze. je höher du steigst, desto weiter weg bewegt sie sich. hat das morgen vielleicht heute schon begonnen?

hut

was der alles kann! man kann ihn vor jemandem ziehen. er kann lichterloh brennen. man kann ihn nehmen. er kann einem hochgehen & man kann ihn draufhauen. es gibt ihn männlich & weiblich. & auch mit 2 pünktchen als zeitwort. er ist universell verwendbar.

hypochonder

der h ängstigt sich vor jeder kleinigkeit. wenn aber das bedeutende kommt, das schreckliche, atmet er auf. weil die wirklichkeit niemals so schrecklich ist wie die möglichkeit, die auszudenken, er seine ganze kraft braucht.

katastrophe

k bereiten dem davongekommenen lust. etwas bricht aus, kulminiert und macht uns lachen. jede k sagt: es ist etwas schreckliches passiert, aber wir sind davongekommen. grausame schicksalsfäden ziehen 1 knoten, überspannen unsere ordnung, schnüren sie zusammen. in unserer ohnmacht können wir nichts anderes tun als lachen. 1 k stellt uns an den rand des weltgeschehens. indem wir am zaun stehen, hüpfen & hineinsehen, bilden wir uns ein, wir sind bedeutend. es gibt keine natur-k. k sind immer von menschen gemacht oder zu solchen erklärt.

katze

k sind erstaunlich. sie haben grüne augen. sie tragen namen wie balu, mautz, schnurrli. sie können sich unsichtbar machen (*alice im wunderland*). sie haben 7 leben. sie können gleichzeitig leben & tot sein (*schrödingers katze*).

kind

1 kleiner mensch, der sich anziehen muss, wenn der mama kalt ist.

knoten

2 lose enden übereinander schlagen. das 1 unter dem anderen hindurchführen. zuziehen. mit dem 1 ende 1 schlinge bilden. sie mit dem anderen umwinden & dabei 1 schlaufe halten, durch die man 1 2. schlaufe ziehen kann. fest zuziehen. erinnerst du dich an das 1. mal, als es dir unter großen anstrengungen gelang, dir selbst die schuhbänder zu binden? k-kunst, die befähigt, jederzeit & unabhängig aufzubrechen in die welt.

krank sein

1 große probe für den kranken ist seine hilflosigkeit. er muss, selbst wenn er noch so anspruchslos sein will, der umgebung zur last fallen. er muss die schwere lektion des loslassens lernen. ohne wehleidigkeit, ohne anklagen, ohne selbstdramatisierung. die lektion von der eigenen entbehrlichkeit & ersetzbarkeit.

lüge

die 1. l ist nicht wieder gut zu machen. sie ruft 1 kettenreaktion hervor. jede weitere l entfernt den lügner weiter vom ausgangspunkt der urlüge.

million

abgekürzt mio. die m ist ausgestorben. von ihr hört & liest man nichts mehr. unter 1 milliarde (abgekürzt mrd.) kommt nichts mehr in die zeitung oder ins fernsehen. die reichen sind milliardäre. sogar 1 liste der top-betrüger ist mit milliardenbeträgen gewürzt. wir sind auf dem weg zur fantastilliarde.

mitarbeiter

die scheinbar erhebende, in wahrheit herabsetzende verwendung der vorsilbe mit. der m ist der untergebene, mitbürger der unmündige, mitmensch der hilfsbedürftige. vgl. auch: mitbruder, mitläufer, mitautor, mitstreiter, mitbestimmung, miteinander.

mode

m ist etwas für menschen ohne selbstbewusstsein. sie laufen ihr nach & folgen jedem ihrer spompanadln. schulterpolster, stirnbänder, ziegenbärte, stelzenschuhe. ist der taumel vorbei, merkt man, wie sehr man sich zum affen gemacht hat.

na

einzelne buchstaben & silben können die bedeutung ganzer sätze verändern. manches stürzt aus großer höhe auf das terrain der gewöhnlichkeit.

man sieht das an nietzsches schönem titel *also sprach zarathustra.* sogleich verschwindet dessen biblischer klang, wenn man 1 schlichtes na davorsetzt: na also, sprach zarathustra.

name

n beeinflussen die schicksale ihrer träger. 1 kevin zum beispiel hat bei der partnersuche im internet schlechtere karten als 1 bernhard. oskar werner hieß bschließmayer. 1 n, der mit bschl beginnt, schmerzt in den ohren. als bschließmayer kann man physiker, förster, astronom oder prälat werden, aber nicht schauspieler.

natur

die n ist weiblich. sie wird in metaphern des weiblichen beschworen. sie lockt, sie ruft, verführt, ist gefährlich. ihre bewältigung ist daher männersache. ihre zähmung.

nebensache, wichtigste

fußball & sex. hauptfrage zur wichtigsten n: ob die balltreter vor 1 wichtigen match …? niemand fragt, ob abgeordnete vor 1 entscheidenden abstimmung, zeitungsredakteure vor dem abfassen ihrer kolumne, schauspieler vor 1 premiere …?

opernball

etwas vergleichbares gibt es nirgendwo auf der welt. die bravsten bürgerlichen tanzen linkswalzer. es besteht frackzwang. aber nur für herren.

pfingstrose

geballtes blattgewitter in 1 fleischigen kugel. nie zart. nie still. anfangs 1 harter ball auf dornenlosem schaft. in wenigen tagen zum üppigen blütenkörper aufgefältelt. so schnell, als würde 1 regenschirm entfaltet. sie erblüht nicht. sie explodiert in zeitlupe. in funkelndem hochglanz strahlen die blüten. als hätte man sie mit speck eingerieben.

pinkeln

auch pieseln. männer, die gegen bäume, hauswände, autos p, setzen besitzmarken. das p hat symbolkraft. mit der aufrechten, raumfüllenden haltung, die sie beim p einnehmen, dokumentieren sie ihr territorialverhalten. je größer der bogen, den der mann produziert, desto mehr raum beansprucht er für sich. auch frauen nehmen beim p raum in beschlag. sie hocken sich auf die klobrille. so entstehen siedlungsrechte.

prokrastination

auch aufschieberitis, verzögerungskunst. jeder hat so seine strategien, mit rechnungen, mahnbriefen, zahlungsaufforderungen, pensionsbescheiden umzugehen. der prokrastinierer ist kein nichtstuer. er ist nicht bereit, sich dem täglichen effizienzterror zu unterwerfen. er wartet auf den richtigen zeitpunkt. weil sich nicht wenige dinge ohnehin von selbst erledigen.

ratte

dass r mit den menschen blutsverwandt sind, steht für mich fest. sie haben schnurrbärte, übelriechende körper (& gesinnungen). sie sind einander ungemein ähnlich durch die trübseligkeit der feisten & bösartigen leiber & die vorliebe für sammelkanäle. sie stimmen rechts, neigen zum herdendasein & nennen ihren gestank ehrlichen schweiß der arbeit. es ist ungewiss, wer in 100 jahren die erde beherrschen wird: mensch oder r. in mancher hinsicht ist die r lebensfähiger als der mensch. in mancher hinsicht ist der mensch lebensfähiger als die r. gegen r gibt es köder. gegen menschen gibt es die pille.

rauchen

das zigaretten-r unterliegt gewissen ritualen. mehrfaches klopfen des filterendes auf den tisch bedeutet: hier gibt sich jemand überlegen. tief inhalieren & den rauch durch die nase ausstossen heißt: hier wird schwer nachgedacht. den glimmenden zigarettenrest auf den boden werfen & mit dem absatz malträtieren: gleich werde ich etwas entscheidendes unternehmen. den rauch 1 mann ins gesicht blasen: gehen wir vor die tür (um zu kämpfen)! den rauch 1 frau ins gesicht blasen: wie schnell können wir hier verschwinden? das alles haben wir aus alten filmen mit humphrey bogart gelernt.

rolltreppe

1 transportmittel im zeichen der gemächlichkeit. sie bewegt den benutzer, gewährt ihm aber zugleich 1 zeitspanne des stillstands. sie gehört so sehr zum alltag, dass sie nur auffällt, wenn sie ausfällt.

rose

je stärker die r duftet, desto rascher welkt sie. wie beschreibt man den geruch der r? erinnert er an frische äpfel? manche sorten entfalten 1 aroma von zitrone & pfeffer. manche lösen 1 niesreiz aus. goethe nannte sie das vollkommenste, das die erde in unserem klima hervorgebracht hat. bei mohammeds nächtlicher himmelfahrt fielen schweißtropfen zur erde, aus denen weiße r wuchsen.

sammelwut

alles lässt sich sammeln: briefmarken, christbaumständer, parfümfläschchen, ostereier, gartenzwerge, barbiepuppen. nur art & umfang 1 sammlung sind begrenzt. 3 original-lokomotiven können für 1 einfamilienhaus in hanglage zuviel sein. wohingegen 500 zündholzschächtelchen ärmlich wirken. schutzheiliger der sammler ist sisyphus. der sammler versucht immer wieder, rastlos & vergeblich, das chaos zu ordnen, im überfluss die übersicht zu behalten.

schnackerl

schluckauf. nicht zu verwechseln mit schnackseln. hoppla, spricht die kohlensäure, da bin ich wieder! kranke, die keine nahrung aufnehmen können, werden mit sonden ernährt. auf diese weise erhalten sie nicht nur flüssigkeit, sondern auch bodenständige speisen wie rindsuppe zugeführt. wer danach sch bekommt, hat auf dem weg über die speiseröhre 1 ahnung von früheren essensgenüssen.

schnupfen

je kürzer die tage, desto länger die liste, wie die kalte jahreszeit ohne feuchte nase zu überstehen sei. warm anziehen, ja eh, viel schlaf, aha, ausreichend bewegung. wer den chinesen vertraut, stärkt seine körperliche mitte - wenn er sie findet. ist das alles berücksichtigt, folgt was? haptschi! 1 sch.

schutzheilige

sankt nimmerlein, der heilige prokrastinatus, patron der bürokraten. immer wieder herbeigebetet. der sankt nimmerleinstag ist 1 art kommunistisches weihnachten, an dem jeder zurückgeben kann, was er sich ausgeborgt hat: bücher, cds, besteckteile, schirme, pullover ...

sankt pölten, in keiner kapelle befindet sich sein bild, der kalender hat keinen platz für ihn. einzig das kursbuch der westbahn widmet ihm 1 paar gnädige zeilen.

heiliger bimbam, säulenheiliger der glöckner, in unseren breiten nur noch selten angerufen.

heiliger strohsack, in österreich populär. fußballvereine rufen ihn als sch an. sie verehren das geld in seinem sack. jetzt nennt er sich stronach.

schwindeleien

unausrottbare (unentbehrliche?): wir werden ihm/ihr 1 ehrendes andenken bewahren. ich weiß begründete kritik zu schätzen. nein, durchaus nicht, ihr anruf ist immer willkommen. ich übernehme die volle verantwortung. es ist mir gleich, wen meine tochter heiratet – hauptsache, sie wird glücklich. sein werk ist uns mahnung &

verpflichtung zugleich. macht nix, wir wollten das glumpert eh längst wegwerfen.

smalltalk

phantasielose leute reden über das wetter. weniger phatasielose reden nicht über das wetter, weil sie wissen, dass phantasielose leute über das wetter reden. phantasievolle leute reden über das wetter, weil sie wissen, dass weniger phantasievolle leute nicht über das wetter reden, weil phantasielose leute über das wetter reden. hätte ich niki lauda gekannt, könnte ich sagen, ich habe niki lauda gekannt. echt? erzähle! wäre ich pianist, könnte ich über die klavierstimmer schimpfen. es regnet. ich spreche über das wetter.

spiegel

er ist männlichen geschlechts. er kann ja & nein sagen. er bringt glück. oder unglück (wenn er von der wand fällt). am abend ist er 1 anderer als am morgen. 1x kritisch & mitleidlos. 1 anderes mal 1 schmeichler, der überzeugend lügt. mein linkes auge zwinkert mir als rechtes zu. 1 rechter österreicher kann auch links sein.

stille

es gibt verschiedene st, je nach den geräuschen, die sie umgeben. je kleiner das geräusch, desto größer die st. wenn man sein herz klopfen hört in den ohren. oder in zimmern, in denen 1 toter liegt. außer der st, die nach etwas kommt, gibt es die wartende st. die st des wassers im kochtopf, bevor es zu summen, dann zu brodeln anfängt. die st vor dem sturm, wenn der wald atemlos auf blitzgeknatter, donner & regenguss wartet. schrecklich kann es sein, wenn sich tonlosigkeit mit lichtlosigkeit verbindet. die st ist jedem schrei haushoch überlegen.

tagebücher, alte

das leben als abzählreim. du zählst die jahre, nimmst maß, versuchst zu ordnen, heftest ab, bewertest neu. das verlorene halsketterl, die heirat, das adoptierte negerkind, der jobverlust, der wohnungsbrand, die entgleiste eisenbahn. der großpapa, gestorben an hodenkrebs. immer läuft es auf 1 pointe namens tod hinaus. & raus bist du.

tod

der t ist - in des wortes 2facher bedeutung - 1 einmaliges ereignis. jeder ist mit ihm allein gelassen. als gesprächsthema ist er nicht gelitten. er wird totgeschwiegen. totsein ist sicher nicht langweilig. schlafen ist ja auch nicht fad.

trinken

t ist wie autofahren. man denkt über die einzelnen abläufe nicht nach. es geht ganz mechanisch. die unterlippe schiebt sich über den unteren äußeren rand des glases (der flasche), die oberlippe balanciert mit geringem abstand über der oberfläche des getränks, die zunge wölbt sich dem gaumen entgegen. bei jedem schluck bewegt sich der rücken der zunge nach unten, der schlund öffnet sich. es erfolgt nach gemächlichem kippen des glases (der flasche) 1 kurzes einsaugen des getränks. im alter lässt die trinktüchtigkeit nach. die lippen werden schlaff, es kommt zu ungenauigkeiten. diese führen zu sabbern oder schlürfen.

veränderung

ich hasse veränderungen. jede v bedeutet 1 loslassen. sie erinnert mich daran, dass ich sterblich bin. belässt man hingegen die dinge wie sie waren, kann ich mich der illusion hingeben, dass ich dem tod 1 nase drehe. das ist der reiz von fotos.

vögeln

woher kommt der name? weil die frau mit den beinen 1 vogel-v macht? oder weil das v dem picken 1 vogelschnabels gleicht, wenn er in der gefrorenen erde nach würmern hackt?

vorhaut

vorhäute wurden, so ist im alten testament zu lesen, als zahlungsmittel & geschenkartikel verwendet. wie skalps bei den indianern. es gibt orthodoxe juden, die vorhäute in einsiedegläsern sammeln & davon überzeugt sind, dass gott ihnen diese mitgift nach ihrem ableben hoch anrechnen wird. wie der transport dieses schatzes ins jenseits erfolgen soll, ist mir schleierhaft.

welt

was ist das, die w? das wort ist leer, die w hingegen in ihrer fülle nicht zu bewältigen. es gibt bäume, träume, sonnenaufgänge. es gibt gewitterstürme, flüsse, kriege. es gibt schatten, liebesaffären & gelsenstiche. es gibt menschen, gott & ameisen. die w ist gesetzen unterworfen, von denen manche leute behaupten, sie müssten für alle gelten. wie lässt sich in 1 solchen w neues denken? wie können menschen aus ihrer w heraustreten?

wiener stadtmarathon

ein museumsbesuch in kurzen hosen. die wiener witzeln: 1x im jahr lässt die polizei neger laufen.

wimmerl

bevor die freizeitmode anglisiert wurde, gab es das w. schifahrer tragen sie unterm anorak, mit 1 gürtel um den bauch geschlungen, die wurstförmige reissverschlusstasche, in der wertgegenstände wie labisan, geldscheine, traubenzucker & mannerschnitten transportiert werden.

wochentage

der mo fängt langsam an. er kriecht aus dem bett & hat verquollene augen. im kalender hat er den undankbarsten platz, weil er dem wochenende die kalte schulter zeigt. früher war der mo blau, aber die farbe hat man ihm gestohlen.

der di macht kniebeugen & benimmt sich wie 1 gewöhnlicher wochentag. dies gelingt ihm aber nur selten.

der mi behauptet von sich, er sei der mittelpunkt. dies wird aber verschiedentlich in frage gestellt. außerdem sieht er dem do zum verwechseln ähnlich.

am do beginnen die hofräte im niederösterreichischen landhaus sich gegenseitig 1 schönes wochende zu wünschen. zum do müssen neue kleider fertig sein. am do sind die friseurinnen bis zum letzten lehrling ausgebucht. er ist das liebkind der heurigenwirte.

den fr erkennt man am fischgeruch. er ist der flüchtigste aller wochentage. fr-nachmittage haben in ämtern keinen parteienverkehr.

der sa hält sich die daumen, dass es nicht regnet. er wäre gern länger als er ist. bei manchen nachbarn heißt er schon am morgen sonnabend.

der so ist leicht zu erkennen. man riecht ihn. man sieht ihn. man hört ihn. der so fängt nicht an, er ist einfach da.

wunder

im allgemeinen sprachgebrauch nur als negation vorhanden. kein w, dass der karl so hustet; was der zusammenraucht!

zehn

die königin der zahlen. sie ordnet unser leben und die welt. mit den z geboten haben wir unsere moralische leitwährung bekommen. die z kann man jedem kind erklären: so viele finger hat man im normalfall immer zur hand. die z ist rund, aber nicht langweilig. sie liefert 1 praktischen countdown von silvester bis raketenstart.

zeit

das meistgebrauchte substantiv. keine zu haben gilt als etwas besonderes. man sieht sie nicht verstreichen & doch vergeht sie immerzu. & plötzlich erscheint, was gerade noch nah war, ziemlich fern, alt & fremd. z kann verschieden lang sein. 5 minuten auf dem stecken gebliebenen sessellift bei schneetreiben sind länger als 5 minuten mit der ersten liebe im nächtlichen haustor.

zeitung

erfunden zum zweck des informationstransports, hilft die z bei der lösung zahlreicher, alltäglicher probleme. sie unterstützt die hausfrau beim reinigen von glasfenstern; legt wanderschuhe trocken; ist als stanizl 1 beliebte darreichungsform von heißen maroni; gilt als verlässliche basis von lagerfeuern; bewahrt geschirr bei übersiedlungen vor dem zerbrochenwerden & verdient sich als buchumschlag respekt. auch die fliegenjagd geht mit ihr flott von der hand. man kann sie auch lesen.

zirkus

die trapezkünstlerin, von 1 dreifachen salto zurückkommend, landet mit dem ausdruck 1 tigerin, die hände hält sie wie tatzen. sie besinnt sich, breitet die arme aus, beginnt zu lächeln, wird menschlich. schade - zuvor wirkte sie echter.

zukunft

der mensch ist 1 zwesen. er spart, investiert, schiebt hinaus, hebt auf. die z ist immer erst morgen. & sei es nur 1 einziger tag. um diesen tag ist die z entfernt. sie existiert nur in der vorstellung. sie kann nicht gutmachen, was man in der gegenwart versäumt.